わかる、できる、
伝えられる、ように…

教室の中の
視覚支援

場所・時間・活動を構造化しよう

青木 高光 著

明治図書

はじめに

ここ数年、視覚支援の基本的な考え方や具体的な実践方法について講義してほしい、と研修会に招いていただく機会が増えました。改めて視覚支援に注目が集まっているのかなと思うと同時に、主催者や参加者の方々の悩みも見えてきました。研修会というものの共通の課題かもしれませんが、わざわざ時間とお金をかけて参加してくれるのは、すでに視覚支援の大切さを知っている方がほとんどです。研修会の真のターゲットである、そうでない支援者は、そもそも研修会に参加しません。私たちは視覚支援について学ぶだけでなく、視覚支援を誤解し否定的なことを言う人に、その有効性を正しく説明できるようにならなければならないのだと思います。この本は、そんな視覚支援を当たり前の支援にしていこうとする仲間（今ページを開いているあなたもきっとそうでしょう）や、それによって確実に救われるはずの子供たちのために書きました。

視覚支援の考え方や背景について学べる書籍はすでに多数ありますが、実際の現場にどう導入していくか、具体的な事例を通して解説した本は少ないように思います。これまで私はドロップレット・プロジェクトとして、様々な視覚支援教材を開発・提供してきましたが、その活用事例を詳しく解説した本は書いたことがありませんでした。そこで本書では、視覚支援の基本的な種類や考え方だけでなく、導入と活用のポイントについて、一般論ではなく自分が関わってきたリアルな実践から整理してみました。実際の子供の困難は千差万別ですが、支援の共通点をできるだけシンプルに分類し、構成を工夫したつもりです。視覚支援を始めてみようという方はもちろん、より積極的に広めていこうという方にも役立つ内容になっていればと願っています。視覚支援の効果はすでに明らかなのに、なぜか支援に取り入れようとしない人たちがいます。そういう人ほど支援がうまくいかない理由を子供のせいにしがちです。しかし子供のせいにしている間は、支援は絶対にうまくいきません。「学び手は常に正しい」のです。まず環境を変えること、関わり方を変えること。それがあって初めて子供も変わります。視覚支援はそのための最強のツールの１つです。ぜひ、あなたの支援の武器に加えてください。

著者　青木　高光

第2章

教室の中の「視覚支援」実例

第3章

教室の外にあふれる「視覚支援」

＊本書にエピソードとして登場する子供は、個人が特定されないように事実をゆがめない形で一部改変し、仮名にしてあります。

第1章

「視覚支援」の基礎基本

1

「視覚支援」を始める前にTEACCHと構造化を学ぶ

視覚支援って何？という ことを知ってもらうために は、まずTEACCHと構 造化について知ることが必 要です。視覚支援という考 え方が生まれた背景を最初 に簡単に確認しておきまし ょう。

視覚支援とは？

特別支援教育の現場でよく聞かれる言葉「視覚支援」。

自閉スペクトラム症（以下、自閉症）のある子や発達障害のある子の支援に役立つ方法であることは知っていても、具体的にどんなところから取り組んだらよいのかわからない。そんな方がこの本を手に取ってくれているのではないでしょうか。視覚支援の具体的な説明に入る前に、まずこの考え方が生まれた背景を知っておきましょう。

TEACCHと構造化

視覚支援を知るには、まずＴＥＡＣＣＨと構造化について知っておくことが必要です。

ＴＥＡＣＣＨはTreatment and Education of Autistic and related Communication-handicapped CHildren（自閉症及び、それに準ずるコミュニケーション課題を抱える子供向けのケアと教育）の略です。１９６０年代にアメリカのノースカロライナ州立大学のエリック・ショプラー博士らの研究をもとに生まれた、自閉症当事者やその家族の生活を生涯にわたって支援していくための包括的プログラムです。

自閉症の人たちは、物の見方や捉え方などについて、定型発達の人とは違った特性を持っています。ＴＥＡＣＣＨは、彼らに対して一方的に、既存の環境に適応することを求めたり、治療的に対応したりするのではなく、社会の側が自閉症の人々の物の見方や感じ方を理解して環境を整えることで、彼らが本来持っている力を発揮できるようにしようというものです。構造化はそのＴＥＡＣＣＨにおける重要な考え方であり具体的な環境調整の方法です（その具体については次の項から説明します）。日本に紹介され始めた当初、構造化は自閉症の方を物理的な枠の中にはめ込み、管理しやすいようにする方法のように誤解されていた時期があります。しかし、そうではありません。日本におけるＴＥＡＣＣＨ導入の第一人者である佐々木正美先生は、『自閉症児のためのＴＥＡＣＣＨハンドブック改訂新版　自閉症療育ハンドブック』（学研）の中で、

「ＴＥＡＣＣＨモデルは自閉症の人たちに、彼らの周囲で起きていることの意味を伝え、彼らが訴えたがっていることを表現しやすくする手助けをし、状況の推移への見通しを予告的に伝えようとしているものである」

とＴＥＡＣＣＨの考え方を説明されています。

また、佐々木先生は同書で他にも、構造化の本質について次のように説明されています。

・視覚的構造化は、子供に環境への積極的な適応のしかたを自覚できるように援助するもの
・物理的構造化は、視覚障害のある子供のための点字ブロック、車椅子を利用する子のためのスロープのようなもの
・絵や写真や文字を用いたコミュニケーションカードは聴覚障害のある子供のための手話や筆談のようなもの

この、私たちの方から「自閉症の人たちの世界や文化に近づいていく努力」と「彼らが訴えたがっていることを表現しやすくする手助け」をするという姿勢こそが、障害種を越えて大切にするべき、コミュニケーションの基本であると私は考えます。

視覚支援や構造化は障害のある人たちとのコミュニケーションの基本である。

2

視覚支援の基本となる「構造化」には3種類ある

TEACCHの「自閉症の人々の物の見方や感じ方を理解して環境を整える」ための手段が「構造化」です。そして、構造化には大きく分けて「物理的な構造化」「時間の構造化」「活動の構造化」があります。

物理的な構造化

自閉症の人は同じ場所が様々な別の用途に用いられると、そこが何をする場所なのかが理解できなくなってしまうことがあります。教室や作業をする部屋は、その日によって活動をする位置や、そこで行う活動内容が変わるのではなく、机や道具などの配置を決め、どこでどんな活動をするかが一目で見てわかるようにすることで混乱することなく活動できます。

1つの場所には1つの目的が基本になります。

また、パーティションなどを活用して、周囲からの刺激が入りにくくすることや、学習や作業をする場所と休憩場所などを明確に分けることも大切です。そうすることで、学習や作業に集中できるだけでなく、適切な休憩を取るというスキルも学べます。

時間の構造化

時間の構造化とは一言で言うと、

時間という目に見えない流れを、スケジュールによって視覚化するということです。

自閉症の人は、見通しを持つことが苦手で、次に何が起こるのかがわからないと不安に陥ることが多い傾向があります。この点を理解していないと、予告なしに急に予定を変更したり、明確な時間を示さずに作業をさせたり、逆に何もさせずに待たせたりすることで、不安定にさせてしまうことがあります。今はどのような活動をするのか、次に何をするのかなどを視覚的にわかりやすく提示することが大切です。

活動の構造化

「時間の構造化」とも共通することですが、**自閉症の人の多くは、「今やっている活動がいつまで続くのかわからない状態」が苦手です。**

活動に取り組む際には「ここまでやったら終わり」ということを明確に伝えることが大切です。

一般に作業や学習に取り組む環境づくり（「ワーク・システ

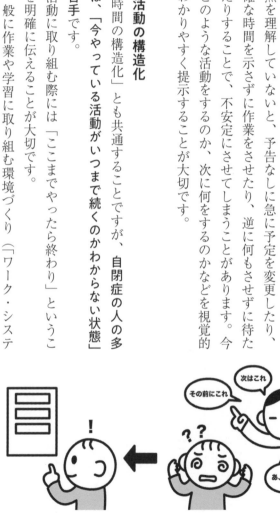

ム」と呼ばれます）では、
・作業や学習で、具体的に何をするのか
・どのくらいの量や時間、作業や学習に取り組むのか
・いつ終わるのか（量・時間）
・終わったら次に何をやるのか
といったことを、見てわかるように視覚的に示すことが必要です。
「作業や学習で、具体的に何をするのか」については、作業の見本を用意しておくことも重要です。最終的にどんなものを作るのかが、目で見てわかることで、作業の目的がわかりやすくなります。私たちはついつい安易に「ハンカチをたたむだけ」「製品の袋詰めをするだけ」と考えてしまいがちです。しかし、たたみ方にも様々な手順があります。私たちが一緒に生活する子供たちの中には、製品の向きが違うだけで、全く違う「袋詰め」に見える子がいることを意識する必要があります。

構造化の基本を理解して、環境を整えていこう。

3 あなたも私も、毎日、視覚的に支援されている

もしかしたら「自分には特別な障害がないから、視覚支援は自分とは関係がない」と思っていませんか。

自分が教えている子供たちにも視覚支援が必要な子はいない、と思っていませんか。本当にそうでしょうか。

視覚支援は、構造化の要素の1つ

前項を読んでいただいて「物理的な構造化」にも「時間の構造化」にも「活動の構造化」にも、「視覚的な情報」の提示が欠かせないことがわかっていただけたと思います。

構造化は自閉症の人が、目で見て理解し活動できるように環境を整えるので、視覚的な要素がその調整の中心になります。構造化と視覚支援がほぼイコールになる場合も多いと言えます。

自閉症の人は一般的に、聴覚的な情報よりも視覚的な情報の方が理解しやすいと言われています。話し言葉による指示などの聴覚的な情報は、発声された時だけのもので、次の瞬間には消えてしまいます。しかし、文字や絵などの視覚的な情報はその場に残るので、何度も確認できるという大きな違いがあります。視覚的支援によって自閉症の人が抱えやすい不安や、そこからくる問題をある程度回避できます。

ＴＥＡＣＣＨと構造化の考え方やその具体的な実践方法が日本の特別支援教育の現場に取り入れられて、すでに長い年月が経っていますので、特別な意識をせずに、視覚支援が使われている例も多いでしょう。

代表的な例が時間の構造化としてのスケジュール活用です。

通常の学校では、その日の予定の情報提示が、黒板の時間割だけという場合が多いでしょう。文字だけの時間割は、当然ながら文字理解が困難な子には伝わりません。また国語や算数という文字だけでは、具体的にどんな課題に取り組むかまではわかりません。

そこで、特別支援学校や特別支援学級では、絵カードなどを使って視覚的にスケジュールを示すことが広く行われています。また、個々の子供の理解の度合いに合わせて個別のスケジュールを手元に置いて確認できるようにすることで、不安が少なくなり、心理的に安定して活動できるようにしている例もたくさんあります。

他にも、目に見えない社会的なルールを可視化する手段として視覚支援が使われることも少なくありません。例えば、その場に合った声の大きさを意識することは、社会的な文脈の理解が難しい自閉症の人にとって困難な場合があります。そこで「声の大きさシート」のように、場所と相応しい声の大きさの関連づけを図で示すことで、その場に合った行動を取るように意識してもらうという実践がよくされています。

視覚支援は自閉症の人にだけ有効なわけではない

ここまで読んだみなさんは「視覚支援は自閉症の人だけでなく、知的障害の子にも有効なのでは？」と思ったのではないでしょうか。その通りです。そもそも人は情報の約8割を視覚から得ていると言われていますから、**視覚支援はほとんど誰にとっても役に立つ支援**だと言ってもいいのではないでしょうか。

昔の教師は「大事なことなので、一度しか言いませんよ」などと言ったものです。そんな意地悪をしないで、**大事なことなら何度も言ってもよい**ではないですか。**むしろ大事なことなら書いて伝えましょう**よ、と思いませんか。大事なことを書いて残してもらうことを嫌がる人などいないでしょう。

残念ながらいまだに学校や社会では、自閉症の人たちが「既存の環境に慣れることも必要」という発想で、環境は変えず、それに合わせることを求める人たちがいます。しかし、1章1で紹介したＴＥＡＣＣＨの考え方のように、社会の側が自閉症の人々の物の見方や感じ方を理解して環境を整えていくことが、構造化や視覚支援導入の大事なポイントであり、これからの学校や社会に求められている視点ではないでしょうか。

誰だって、情報は視覚的に残してもらった方が安心するはず。

4

視覚支援をやる、やらない、は支援者の自由ではない

視覚支援は、長い実践の中でのその有効性が証明されてきた方法です。それでも「自分はやらない」と決めてしまう人がいます。明らかに有効な支援方法でも、その導入が支援者の自由な采配に委ねられてもいいのでしょうか。

そもそも「わかりやすく伝える」とは？

特別支援教育の現場で関わる子供たちは、自閉症、知的障害などの障害種にかかわらず、ほとんどの子が「理解する」ことに困難を抱えています。

現場に立つ教師は当然のことながら、彼らの支援においては「わかりやすく伝える」ということを意識して行う必要がありますし、当然それを心がけているはずです。もしそれがうまくいっていないと感じる時がある教師なら（すべてうまくいっている、などと自信を持って言える人はほとんどいないはずですが）「わかりやすく伝えるにはどうすればいいか」を常に考えていることでしょう。

当たり前のことに感じるかもしれませんが、**わかりやすくとは、情報を「受け取る側にとって理解しやすい」ように配慮しながら「伝える」ということ**を意味します。であれば、当然その**「わかりやすさ」は一人一人違うはず**ですから、その子の特性に合わせた伝え方をする必要があるはずです。

自閉症の子や知的障害の子たちのほとんどが、話し言葉のような音声情報よりも視覚的な情報の方が理解しやすいことは、すでに明らかになっている事実です。ところがそういった子たちに対して、「彼らにとってわかりやすいように、視覚的な支援をしましょう」と提案しても受け入れてくれない教師がいることも事実です。

そして、その理由を尋ねると、「卒業したら、進路先では視覚支援をしてもらえないから」とか「普通の方法で、人とコミュニケーションできた方がよいから」（いや、そもそも普通ってなんでしょうね？）というような、一見もっともらしいですが、その実、支援する側の都合を優先しているだけの返答をされます。

では百歩譲って、その教師たちが視覚支援を使わずに、彼らにとってわかりやすく情報提供ができるのかというと、残念ながらそんなことができる人に会ったことはありません。

視覚支援をやらない言い訳を先にするような人は、困難を抱えた子供たちの側に立って支援方法を工夫することなどしない人がほとんどですから、その人たちが視覚支援以上に有効であるような、そんな高度な支援方法を会得しているはずがないのです。それどころか、そういった人たちの支援方法を見ていると、なんのことはない、言葉で言ってわからない子に、同じ言葉を何度も繰り返して言っているだけだったりします。

視覚支援を抵抗なく当たり前に使っている教師だったら、子供に対しての「ここに座ってね」というメッセージを「あらかじめ座る場所に印をつける」ことで伝えるでしょう。

しかし視覚支援を使わない教師は、何度も繰り返して「ここに座りましょう」と言葉で指示したり、その子の手を引いたりして、なんとか動かしていることがほとんどです。

そのような人たちは「わかりやすく伝える」とは、「ゆっくり、丁寧に、繰り返して説明する」ことだと思っているのです。

しかし、それは必ずしもわかりやすさにつながるわけではありません。むしろ**「ゆっくり、丁寧に、繰り返して説明する」ことが却って理解から子供を遠ざけることもある**のです。彼らはそれを知らないのです。

ゆっくり、じっくり、丁寧に、繰り返し、は「わかりやすい」のか？

例えば、おはじきを数えてもらうと、1、2、3、4と数えることはできるけれど「3つ取ってください」と言われるとできない子がいるとします。

このような数の学習の初期段階でつまずいている状態の子を、みなさんならどんな風に教えるでしょう？

研修会でこの話をすると、一番よく出るのは、「知的障害の子は抽象的な数の概念理解が難しいので具体物を使う」という回答です。

次に多いのは、「1、2、3と書いたマスの中に、おはじきをその数だけ入れていく」といった類いのものです。

どちらも教材の選択や教え方の具体的な方法であって、それ自体は別に間違いではありません。問題は、「この子は順序数の理解（の初期）の段階で、集合数の理解ができていない」という数理解の実態を説明した上で、集合数の理解のためには、何をするべきか？を説明できる人が意外に少ないことです。

そういった基本的な知識のベースがない教師は、どう教えるかという問いに対して、「その子の指に手を添え、おはじきを一緒に一つ一つ数えて、3になったところで『これが3だね』と言う」という程度の教え方しかできなかったりします。まさに、ゆっくり、じっくり、丁寧に、です。では、それで本当に集合数の理解につながるのでしょうか？

遠山啓氏の古典的名著『数学の学び方・教え方』（岩波書店）にこんな一節があります。

「子どもが集合数と順序数をはっきり区別できるように教えるにはつぎのようにします。たとえばつぎにあるりんごの個数を知るには普通大人がやるように片手で1, 2, 3, 4と数えていくとこれはどうしても順序数になります。つまり一つ一つのりんごが1, 2, 3, 4…だと思ってしまうのです。そこで集合数であることを徹底させるには、つぎのように、両手で囲みながら進んでいくことにします。このようにすると、1, 2, 3, 4…が両手で囲った分離量を表す集合数であることが子どもにもよくわかります」

いかがでしょう? これは特別支援教育の話ではなく、一般的な教え方についての話なのです。障害のある子に対して「一緒にゆっくり、1つずつ、丁寧に繰り返して」教えることしかできなかったら、その子はどんどん「集合数の理解」から離れていくということです。これは恐ろしいことではないでしょうか?

コミュニケーションも同様です。相手にわかりやすく伝えているつもりでも、**言葉をゆっくり何度も繰り返すだけでは、相手にとっては理解できないことがあります。**特に、言葉の意味

がわからない子供や、言葉からイメージを早くにつかむことができない子供にとって、ゆっくり何度も丁寧に説明することは、情緒的な不安を引き起こすだけかもしれません。これは、海外に行った時にも経験することがあります。理解できない外国語を、ゆっくりじっくり丁寧に繰り返されることは、むしろ怖く感じられることは想像がつくでしょう。

視覚支援をやる、やらないを決めるのは子供たち

言葉での説明だけを「ゆっくり、じっくり、丁寧に繰り返し」ても、むしろやればやるほど理解から遠ざかる場合があります。この事実に対して、それであれば「それ以外の方法で教える」ことができてこそ、初めて支援者と言えるでしょう。逆に言えば、それ以外の方法を何も持たない人は支援者としては失格だと言ってもいいと私は考えます。

「視覚支援をやらない」と言う教師は「視覚支援をやらずに子供たちが理解できる方法」を示せなければなりません。それができないのであれば、視覚支援を「やるべき」なのです。つまり**視覚支援をやる、やらないは、教師個人の考え方で決めていいわけではない**のです。

では、決めるのは誰でしょう。それは子供たちです。

子供たちは自分が今、置かれている状況を理解できているか？

子供たちは今、学習している内容を理解できているか？

子供たちは今、取り組んでいる作業に必要な情報を正確に捉えられているか？

私たち支援者は常にそれを評価する必要があります。

そしてもし、彼らが「理解できていない」のであれば、それはそのまま子供たちから私たちに対しての「視覚支援という支援手段を使ってください」というメッセージなのです。


視覚支援をやるかやらないかは、子供のニーズで決まる。

支援者の自由ではない。

第2章

教室の中の「視覚支援」実例

5

子供たちが、わかる、できる、伝えられる、ようにする

視覚支援と一言で言っても、その方法は様々です。子供たちの状況に合わせて、必要な支援の内容を具体的に考えていくための視点として「わかる」「できる」「伝えられる」の3つを提案します。

「わかる」ための視覚支援

毎日の学校生活に視覚支援を取り入れていくには、まずどこから始めればよいのでしょう？

それを考える時、私は説明に下のような図を使います。これは特にオリジナルというわけではなく、人の情報の処理の説明でよく使われるものです。

子供とのコミュニケーションの場面を考えてみましょう。話しかけても反応がないという子は、みなさんの周りにもきっといますよね。その子はなぜ、反応してくれないのでしょう？

コミュニケーションは、大きく分けて「受容性コミュニケーション」と「表出性コミュニケーション」に分けられます。コミュニケーションがうまく取れないという子がいた時にはまず、その子は、情報の入力がうまくいっていないのか、それとも出力の方なのかを、分けて考える必要があります。

聴覚の機能の問題は一旦除くと、そもそも話しかけられている言葉の意味や、その言葉が自分に向けられているという状況自体が理解できていない、などの理由が考えられます。これは受容性のコミュニケーション、つまり入力の問題です。

そもそも「言葉の意味」自体が理解できていないのに、適切な返事をすることは困難です。つまり**最初にやるべきなのは「言葉の意味」や「状況」が理解できるようにすること。**つまり入力面の支援＝「わかる」ための視覚支援なのです。

また、作業の場所に移動してもなかなか活動に取りかかれない、という子もいます。怠けているとか、取りかかりが遅い子、という捉え方をする前に、この子はここが何をする場所なのか「わかっていない」のかもしれないと考える視点が必要です。**自分のスケジュールや作業場所を、わかりやすいイラストなどで示すことで、その子はここで何をするのかが「わかる」かもしれません。**

「できる」ための視覚支援

スケジュールや作業場所を示したりすることで、これからここで何をやるか「わかった」子に対して、次に必要なことはなんでしょう。

次に必要なのは、その場所でやることが、1人で「できる」ようになるための支援です。

「これからこの部屋でやる仕事は、タオルたたみだな」という見通しが持てたとしても、タオルのたたみ方を知らなければ、その仕事を正しく行うことはできません。そこで支援者側が準備するのは「手順表」です。

手順表はその子一人一人の認知的な能力や経験などによって、内容が変わってきます。しかし、個々の子に合わせて、タオルの広げ方、具体的なたたみ方の順番、たたみ終わってからの重ね方などなど、**見てすぐわかるように手順を示すことで、自分1人で「できる」ようになっていきます。**

「伝えられる」ための視覚支援

コミュニケーションの支援がうまくいかなかった例として、次のようなエピソードをよく聞きます。

「発語のない子に、自分の気持ちを伝えてほしいので、感情を表す絵カードをたくさん用意したのですが、使ってくれませんでした」

私たち支援者が、子供が苦しい様子を見せている時に、なんとかその子の気持ちを理解したいと考えるのは普通のことです。どこか具合が悪いのだろうか、何か嫌なことがあったのだろうか。なんとかして子供から自分の気持ちを伝えてくれないだろうか、と考えること自体は大事なことです。

しかし、だからと言って話し言葉の代わりに絵カードを並べて見せてみれば使ってくれるわけではないのです。この支援がなぜうまくいかなかったのかは、もうおわかりですね。

そもそもその子は何を求められているのか「わかって」いない可能性が高いでしょう。最初の図で示したように、適切な「入力」がされていないのです。なのに、支援者は先に「出力」の手段としての絵カードを用意してしまったのです。子供にとってみれば「意味がわからない」カードを並べられただけ、と言えるでしょう。

発語が困難な子でも、適切な「伝えられる」手段を用意することで、上手にコミュニケーションが取れるようになった例はたくさんあります。絵カードを用いて、自分の気持ちを伝えることができるようにするための指導方法であるＰＥＣＳ（参照２章21）や、音声出力ができるＶＯＣＡ（参照２章21）といった機器を用いた、具体的な支援の事例は後のページで紹介したいと思います。

このように**「わかる」「できる」環境や手段を整え、使えるようにしていくことが、お互いにお互いの気持ちを「伝えられる」コミュニケーションが生まれていく土台になります。**

こんな視点で整理してみると、もしかしたらこれまでの支援がうまくいかなかった理由がわかるかもしれません。そうすれば、これからどう支援を改善していけばよいかのポイントも明らかになるでしょう。

「わかる」「できる」「伝えられる」の３視点を意識して視覚支援を始めよう。

6

教室を「視覚支援的リフォーム」する

「わかる」環境づくりはどこから始めるのでしょうか？

まずは自分の教室を「視覚支援的にリフォーム」する感覚で取り組んでみましょう。

「自分の教室」も不思議空間

私たちが子供たちと一緒に過ごす時間が最も多いのは、まず間違いなく「担任をしている教室」でしょう。子供たちにとっても朝登校して、まず向かうのは「自分の教室」でしょう。そんな風に安心して楽しく活動できる拠点であるべき「私たちの教室」が、子供たちにとっては必ずしもそうではない、不安な空間になってしまうことがあります。

私たち教師は、教室では何をするべきなのかということは常に自明であると思いがちです。「教室」は「毎日同じように使われる場所」という思い込みがあるからです。しかし、実際は「普通」の教室ほど使い方が時間によって大きく変わる場所はないかもしれません。音楽室は音楽をする場所、体育館は運動をする場所というように、場所と活動の結びつきが強い教室もありますが、普通、教室はそうではありません。

自分の机とその周辺、という小さなエリア1つ取っても、その場所は、
・「学習プリントに取り組む場所」であったり、
・「図工で工作をする場所」になったり、
・「給食を食べる場所」であったり、
・「着替える場所」になることさえあったりします。

同じ場所でも活動によってその使い方が変わる、まさに変幻自在の空間が普通教室であり、自分の机なのです。私たち支援者は、過去の学校生活の経験などから、そのような「時間や文脈による変化」に合わせて使い方が変わることに対して鈍感になっています。

「なんでもやる場所」は言い換えれば「何をやるか決められていない場所」なのです。

つまり普通、**教室は「何をやるか決められていない場所」＝「何をやればいいかわからない場所」**ということなのです。

「止まってしまう子」は困っている子

このように、時間や場面によって役割が変わる場所は、子供たちにとっては理解が難し

い場所なのだということを、私たちこそ理解しないとなりません。何をすべきかが不明瞭だと、自分から行動を起こせなくなります。

そんな時の子供たちを「自分からやろうとしない子」と捉えてしまうことはないでしょうか。そんな状態の時に教師から「早く○○しなさい」というような言語指示が入ると、逆効果になることの方が多いのです。先にも述べたように、意味のわからない指示は、子供たちにとっては、否定的な注意や叱責に聞こえ、不安にさせてしまいます。

多くの人たちは、社会的文脈や様々な手がかりを用いて、その場所で何をすべきかを理解できます。しかし特に自閉症の子にとっては、その場所に具体的な情報が欠けているため、何をするべきかがわからなくなることが多いのです。

教室を「さあ、これをやろう」と教えてくれる空間にリフォーム

そこで**やるべきなのが、「物理的な構造化」**です。

教室環境を活動の内容や目的に合わせて変えたり整えたりすることで、子供たちがその場所で今、何をすべきかがわかるようにします。

私はこのような**環境の調整変更は「教室の視覚支援的リフォーム」**だと思っています。

・着替える場所は、カーテンで仕切られたエリアと決める
・課題に取り組む場合は壁際の机と決める
・隣の人との境界線を明確にするためのパーティションを設置する
・自分が使う道具はパーティションの中のものだと伝える
・作業学習などで教室を移動した場合、その教室の中で自分が座る席は決めておく

といったように、活動と場所を一致させるように環境を調整します。

このような物理的な環境づくりを組み合わせて、子供たちが「今、この場で何をすべきか」がわかるような支援を行いたいものです。

よく自閉症の人たちは場の空気を読むことが苦手とか、その場にそぐわない行動をしてしまいがちといったことが言われま

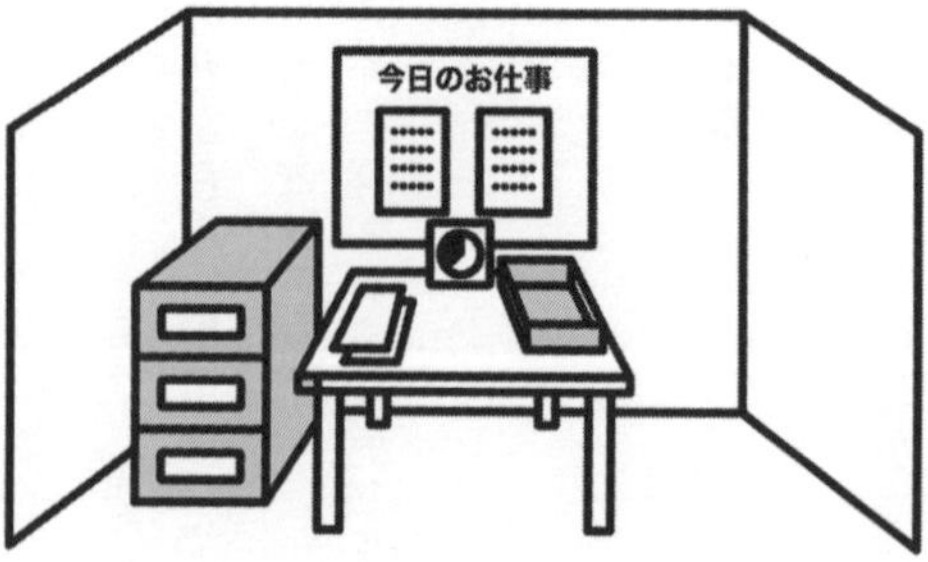

すが、これは言い換えれば、場所と行動が一致できていないということかもしれません。
このような「教室の視覚支援的リフォーム」は、いる場所や活動を決めて、子供を指示に従わせることが目的ではありません。場所と活動を一致させることで、迷わず安心して自分の「活動」に取り組めるようにするための支援なのです。

場所と活動が一致すると、その場所が「さあ、これをやろう」と教えてくれる。

7

物理的構造化
―まず、この3視点で
混乱を避ける

物理的構造化は大事そうだけど手間がかかる。予算が限られている学校では、導入のハードルも高い、と思われてはいないでしょうか。物理的構造化が当たり前の取り組みになりつつある今、簡単な導入方法も増えています。

物理的な構造化のはじめの一歩

前項でパーティションに触れました。「物理的な構造化」について詳しく知らなくても、パーティションは構造化を意識せずに使っていた、という人は多いでしょう。その使い方がたとえ「廊下を歩いている人から教室の中が見えないようにする」とか「着替えの時の目隠しにする」とかだったとしても、それも視覚支援のスタートだったりします。その使い方から一歩進めて、より積極的に活用してみましょう。

物理的構造化と言うと教室を大改造しなければいけないようなイメージを持たれがちですが、そうではありません。**物理的な構造化の基本は、ちょっとした教室内配置の「微調整」**です。そんな時にパーティションのように「移動が簡単な仕切り」は大活躍します。物理的構造化を進めるためには、まず最初に子供たちが教室の中で「自分1人ではうまく動けていない」場面を振り返るところから始めるといいでしょう。すると、

・自分で活動場所に移動できない
・活動途中で床に寝転がってしまう
・道具の場所がわからず、自分で取りに行けない
・道具を取りに行く途中、通りすがりに友達を叩く

などなどが浮かぶのではないでしょうか。
それを解決する方法として、以下のような視点で考えてみましょう。

・場所を区切る

・位置を明示する

・移動の動線の交差を避ける

先ほどの子も「場所を区切る」ことで、自分の行くべき位置がわかって、移動できるのではないでしょうか？　その子の顔写真や好きなキャラクターやマークが貼ってある席なら、友達の席と区別できて、1人で座れるのではないでしょうか？　床に寝転がるのは、実は座る場所や足を置く位置などがはっきりわかっていないせいかもしれません。短い時間でもいいから、そこにしっかり座ること、足をきちんと置けることを教え、できた時にしっかり褒めることで、床に寝転がることはなくなるかもしれません。道具は離れた場所ではなく、必要なものはその子のエリアの中に常に置いてはどうでしょう？　また、どうしても移動がある場合も、友達の近くを通らない動線にする、もしくは動線と友達の間にパーティションを置いてはどうでしょうか？

こんな風に3つの視点で問題を小分けにすることで、意外に簡単に課題が解決することもあります。

物理的構造化グッズは100均でも買えるほど、浸透している

最近では、視覚的な支援は特別支援教育だけのものではなく、普通のオフィス空間でも、作業効率を上げるための有効な手段であることが認識されてきています。そのため、**市販の製品、それも100円均一の店でも便利な物理的構造化グッズがあったりします。**簡単なパーティションであれば、100均のパーツで作れたりします。300円であれば、デスクパーティションという製品もあります。足型マットも入手可能です。ネット上にも、足型のテンプレートや矢印のテンプレートがたくさん提供されていますので、それをプリントアウトし、パウチにすることで、位置を示す支援は簡単にできます。また、新型コロナウイルス感染症対策で、飛沫防止のためのグッズとして、アクリルのパーティションがたくさんある学校もあると思います。そこに画用紙や布を貼るのもよいでしょう。

> **身近なグッズから物理的構造化はスタートできる。**

8

サボっている？　いや、「何をやる場所かわかっていないだけかも？」と疑ってみる

「わかる」視覚支援を支援に生かした実践を見ていきましょう。「仕事をサボってふざける」と思われていた生徒に「わかる環境」を用意したら、サボっていたわけでも、ふざけていたわけでもないことがわかりました。

活動に取りかかれないサトシさん

物理的な構造化で、大きく行動が変わった事例を紹介します。私が実際に特別支援学校の現場で相談を受け、一緒に対応を考えていった事例です。

高等部2年生のサトシさんは、人と関わることが大好きで、教師や友達の近くに寄って行ったり、手を伸ばしたりする生徒です。特定の好きな言葉があり、それを言ってほしくて、相手に顔を近づけて、言ってもらえるまで何度もその言葉を繰り返し言うといった行動が見られます。自閉症の子によく見られる行動なので、みなさんも身近にいる子をイメージできるのではないでしょうか。

支援する教師たちは「サトシさんは穏やかで人懐っこいところはよいところだけど、作業学習の時間になってもこだわりの行動がやめられず、決められた活動になかなか取りかかることができない」と困っていました。

それまでの支援では、教師が「さあ、サトシさん、作業を始めましょう」とか「手が止まっているよ、お仕事してください」というように声かけを行ってきました。サトシさんは、周囲の教師や友達のことが気になるので、手元がおろそかになり、作業を間違うこともよくありました。その都度「違うよ」と言ってやり直しをさせたり、時間になっても作業が終わらない場合は、教師が手伝いをして終わらせたりといった関わりが繰り返されていました。

このようなサトシさんに対して、**「どうしても作業中にふざけてしまう。集中が続かなくて、仕事もサボってしまう。どうやれば1人で最後まで集中して作業に取り組めるようになるか」という相談**を受けました。

サトシさんは「ふざける、怠ける」子。それ本当？

サトシさんの作業学習での行動を見ると、確かに教師からの訴えのような行動はよく見られました。教師や友達に近づいて行く時や、こだわりのある言葉を言ってもらう時に笑っているので、ふざけているように見える、というのは事実です。同様に時々手が止まって、教師や友達の様子をじっと見ているような場面もあります。それは仕事をサボっているようにも見えます。

しかし、私には**これらサトシさんの一連の行動は、すべて、「今やるべきことがわからないので、特定のこだわりのある行動に向かってしまう」姿に見えました。**

改めて考えてみると冒頭に掲げた「サトシさんは人と関わることが大好き」という教師たちの捉えは正しいのでしょうか。「手を伸ばしてくる」のは「人懐っこい」からでしょうか？

「サトシさんは人が好きだから、仕事をサボって人の方に寄って行く」と教師たちは考えているのですが、それはむしろ逆で、「何をすればよいかわからないから困って、人に寄って行き話しかけるという慣れている行動に向かってしまう」と考える方が正しいのではないでしょうか。

位置と向きを決める

そのような視点でサトシさんの支援を再考することを提案し、現在の作業環境の問題点を、見直してもらいました。

・サトシさんは作業の部屋に入るとフラフラと歩き回ることが多い

↓日によって室内での作業場所が変わることが時々あった。これをしっかり確定すれば、直行できるのではないか。また、動き回るのを止めるのではなく、サトシさんが立つ場所には足型のマークを設置してわかりやすくすればよいのではないか。

・周りの友達や教師が気になってしまう

↓パーティションで周囲からの刺激を抑えるとよいのではないか。

・作業の準備を教師が手伝いすぎではないか、教師が近くに寄るからサトシさんも手を伸ばしてしまうのではないか

↓紙すき用のパルプを細かくちぎる作業を行っているので、材料を入れる箱の位置や、ちぎったものを入れるお皿の位置をマークで示し、サトシさんが作業開始前に自分１人で置けるようにすればよいのではないか。

これらの「物理的な構造化」＝作業学習の部屋のちょっとしたリフォームで、サトシさんは自分で作業に取り組むことができるようになりました。しばらくすると教師たちから新たな問

題が報告されました。サトシさんは箱から材料を取って2つにちぎり、お皿に入れる作業を行っていたのですが、手元や材料から目を離してしまい、ちぎった材料を、また元の箱に戻してしまうことがあると言うのです。この問題に対処するために、箱とお皿の下に敷いているシートに手がかりを描き加えて、作業手順も変更しました。「紙を取ってちぎり、2つのお皿に分けて入れる」という手順を示す矢印を描き入れ、お皿を2つにしたのです。この手がかりを加え、ほんの少し作業に一手間を加えたことで、サトシさんは視覚的な手がかりを「よく見て」、結果的に作業に集中してミスなく取り組めるようになりました。

「手が止まっていたら声かけをする」という支援に対して、教師は当初疑問を持っていなかったようです。しかし、教師たちの指示によって活動することが続くと、それに依存してしまい、自立や成長にはつながりにくくなります。物理的な構造化と同時に教師が少し離れ、過剰な関わりをしないようにすることでサトシさんの活動の自立度は大きく向上しました。

ニコニコしている子も、実は何をすればよいか困っているのかもしれない。

9

「やりすぎ」と「やりっぱなし」はどちらも「やりがち」だ

子供たちのために、一生懸命に取り組んでいると、あれもこれもと頑張りすぎ、欲張りすぎて、振り返ると「なんでこうなった？」ということはよくあることです。視覚支援も、まずはシンプルなところから始めましょう。

やりがちな「やりすぎ掲示物」

物理的な構造化の重要性やその効果について説明してきました。しかし、何事も本質を理解していないと、陥りやすい落とし穴があります。ここでは、よくあるやりがちなミスを確認しておきましょう。

物理的な構造化に限らず、視覚支援全般で陥りやすい問題として、**よかれと思っての「やりすぎ」**があります。**視覚的な情報が大事と思うあまりに、掲示物やイラストなどを過剰に使ってしまう**、ということです。

音声言語による指示は、端的に明確であることが大事です。視覚支援も同じで、過多になれば子供たちにとっては混乱の元になります。授業のユニバーサルデザイン化が意識され始めた頃に参観したクラスで、ちょっと驚かされたことがあります。そのクラスでは、過去の授業の経過が振り返れるように、とい

うことで黒板にではなく模造紙に板書をして、それが単元終了まですべて順番に教室の壁に貼られていました。確かに振り返りのために、消えないように記録を残すことは重要です。でも、逆に過去の授業の大事な箇所を探すのは大変でした。

また、声の大きさを視覚的に示すポスターや、挨拶の言葉、来週行く校外学習の予定などが壁いっぱいに貼られているクラスもありました。作業の手順、教師への依頼の言葉、はじめの会とおわりの会の進行表とセリフで、壁面が埋まっている作業部屋もありました。

やりっぱなしにせず、微調整を繰り返す

「では適切な量はどれくらいなのか?」といった質問をよくされます。

残念ながら明確な答えはありません。ここで大切なのは、子供たち一人一人の特性や学習状況を確認して、調整していくことです。

1つのヒントとしては、教室掲示を見直す際には、少し離れた場所に立ってみてその子にとって一番重要な情報が、一番目立つ掲示になっているか、という視点で考えるということです。一度「やったつもり」になっている視覚支援を、**やりっぱなしではなく、子供の反応や変化に合わせて微修正、微調整を続けることが大切**です。

始める前から「適切な量」を心配する人は、失敗を恐れたり二度手間を惜しんだりする気持ちがあるのではないでしょうか。何から手をつけるべきかわからないという理由で何もしなければ、子供たちの学習や生活は変わりません。そこを心配するよりも、視覚支援をできるだけ早く始めることの方が、メリットは大きいはずです。

少なくとも、まず心がけるのは、子供たちにとって手がかりをできるだけシンプルにすることです。例えば、足型のシールが貼ってある横に「ここに足を揃えましょう」と書いた指示があれば、それは多くの場合で逆効果となります。余計な情報が入ることで、何をすればよいのかわからなくなる子が多いのです。また、無頓着に、以前別の子のために使っていた視覚支援がそのまま床に貼ってあったりする場合があります。これらは、子供たちにとって大きなノイズになります。過去のものをそのままやりっぱなしにせず、まずは必要のないものを思いきって処分することも重要です。

最初は情報を盛り込みすぎない。まずは、シンプルな提示を心がけよう。

10

時間の構造化
―あの子はなぜ給食の時間にパニックを起こすのか？にせまる

支援者から見て、困ったなあと感じる行動をする子供たち。毎日のように困った行動が起きているように見えても、記録を取ってみると毎日ではないことがわかったり、原因を推測するヒントが見つかったりします。

「毎日パニックを起こす」は本当か？

活動の場所を明確にする「物理的な構造化」で環境を整えたら、次に「時間の構造化」について考えてみましょう。視覚支援と言うと、まずこの「時間の構造化」の方を思い浮かべる人が多いかもしれません。それほど「スケジュール」という代表的な視覚支援の活用は浸透してきているようです。

では、スケジュールの提示はなぜ重要なのでしょうか。

私がその大切さに気づかされたのは、自閉症のトオルさんとの関わりからでした。

トオルさんは県外から、当時私がいた特別支援学校の高等部2年生に転入してきた生徒でした。「トオルさんが給食の時間に毎日必ずパニックを起こして暴れるが、どう対応すればよいか」という相談が持ちかけられました。当時の担任は、特別支援学校での勤務が初めてで、自閉症の子の支援の知識も十分ではなく、対応に苦慮していました。

トオルさんは言葉が話せず、常同行動や自己刺激行動、自傷行為もあるので、担任が常にそばにいなければならない状態でした。その彼が給食になると、突然大声を出して机上の食べ物をお盆ごと叩き落とす、と言うのです。担任はどんな対応が正解なのかわからないまま、なんとか落ち着かせようとして背中をさすったり、腕を押さえたりして、なだめすかしていました。

そんな担任に最初にやってもらったのは、パニックが本当に毎日起こっているのかどうか、記録を取ってもらうことでした。これまでにこういった「行動上の問題」に関して、たくさんの相談を受けてきましたが「毎日」とか「常に」とかいう話は、まず軽く疑ってみる必要があります。というのも、私たちは子供たちの激しい行動上の問題に接すると、その印象が強く残り、日に1、2回の行動でも「1日に何度も起きている」と思ってしまいがちだからです。

案の定、記録の結果、トオルさんのパニックは決して毎日ではないことが明らかになりました。大きなパニックは主に火曜日に、小さなパニックは木曜日に起こるという一定のパターンが見つかったのです。なんのことはない、トオルさんがパニックを起こす理由は、嫌いなパンが出る日だったのです。集団で行動するのが難しいトオルさんは、給食の準備に参加しないので、準備が終わった頃に教室に戻ります。つまり、彼にしてみると、外に連れ出されてから教室に戻ると、そこにいきなり嫌いなパンが出現しているわけです。そのせいで、急に目の前に現れた、嫌いなパンを叩き落としていたのです。

であれば、対応は簡単です。給食のメニューがしっかりわかるように視覚支援をすればよいのです（当時はまだ、給食メニューを絵で示す、というクラスは少なかったのです）。給食のメニューを毎週示し、パンの出る日はお家の方にお願いして、お弁当にご飯を入れて持ってきてもらうようにしました。そうしたところ、トオルさんのパニックはあっという間になくなりました。

私たちはどうしても、日常の繰り返し、その規則性を子供たちが自然に理解してくれるものと思いがちです。しかし、自閉症や知的障害の人にとって、**時間の流れやサイクルを理解するのは、とても難しい**ことなのです。ちなみに、木曜日はなぜ小さなパニックだったか。毎週木曜日は「麺類」の日だったのです。パンは大嫌いだけど、麺類はそこまでじゃない…トオルさんはちゃんと**行動で教えてくれていた**のです。

子供たちが何に不安を感じているか――記録を取れば、その理由が見えてくる。

11
時間の構造化
―まず、定番ツールで「見通し」が持てる支援を行う

個人的には、時間の構造化の手段ほど、特別支援教育の現場を飛び出して、急速に一般化したものはないのではないかと思っています。それほど「時間の見通し」を必要としている人は多いのです。

見通しが持てないことの「恐怖」

想像してみましょう。

見知らぬ誰かが、あなたの手を引いて、知らない人たちと一緒に狭い部屋に閉じ込めました。そこで知らない人から、意味のわからない言葉で何かを説明されました。あなたにはさっぱり意味が理解できませんでした。周りの人は、説明に従って作業をしているようです。その作業は、何に使うのかわからない、見たこともない形の部品を分別する作業のようです。周りの人を見ても、どんな基準で分別しているのか、あなたには全くわかりません。とにかく色とか形を手がかりになんとか分けるのですが、時々急に怒られます。どうやらあなたの推測は違うようです。でも、正解がわかりません。そしてこの作業はいつまで続くのかもわかりません。時計もないし、窓の外の風景も見えません。あなたはだんだん怖くなって席を立ちます。すると、誰かに押さえられて、また座らせられます。いったいこの苦しい時間はいつまで続くのでしょうか…。

なんだかホラー映画のようになってしまいましたが、このように「見通しが持てないと不安になる」のは、障害のある人に限ったことではないのです。実は私たちはみな「見通しが持てないこと」は辛いのです。

時間の構造化の例：「保健行事」を恐怖の時間にしない

そんな恐怖を子供たちに与えないように「見通しが持てるように、スケジュールを視覚的にわかりやすい形で伝える」ことが時間の構造化の第一歩です。私が主催するドロップレット・プロジェクトのシンボル「ドロップス」を描いてくれている竹内奏子さんは現職の養護教諭です。竹内先生は、各種健診などの保健行事では、事前の予告を提示することをとても大事にしているそうです。確かに、各種健診は特別支援学校の子にとっては特に苦手なものの1つです。「どんな健診が」「いつあるのか」「どんなことをするのか」をあらかじめイラストを掲示や配付して伝えることで、健診への参加がスムーズになる子がたくさんいます。

竹内先生は、「保健室は、子供たちにとって意外に非日常」とも言っています。保健室は怪我や病気で具合が悪い時に行く場所ですから、そういった「嫌な記憶」と結びついてしまい、

入室自体に不安がある子もいます。そのため、ここで何をするかの見通しが大事なのです。

タイムタイマーは、当たり前の道具

保健室では、具合が悪い子に保護者さんの迎えを待ってもらうこともよくあります。そんな時に役立つのが、視覚支援の定番・タイムタイマー（TIME TIMER社）です。**目に見えない「時間」を可視化してくれるタイムタイマー**は、すでに長い間、特別支援教育の現場で幅広く使用されています。「お家の人が迎えに来る時間」をイメージできない子のために、タイムタイマーを使ってサクッと視覚的に示してあげることで、安心して待てたことは何度もあるようです。昨今はタイムタイマーに類似の製品がたくさんあり、一般的にも馴染み深い存在になりました。**時間を視覚化することは、実際に多くの人に必要**なものだということがわかります。タイムタイマー系のスマホ用アプリもたくさんあるので、いつでも使える状態にしておくと、必ず支援の役に立つことがあると思います。

タイムタイマーによる時間の可視化は、視覚支援が大切にする考え方そのもの。

12

「スケジュール」があれば1人でも行動できる！

「視覚支援？　それはちゃんとやっていますよ」

活動に参加できない子の支援に関わらせていただくと、最初にこう言われることがあります。さて、それは本当なのでしょうか？

環境を再確認してみましょう。

前項までは視覚支援と構造化によって「わかる」ことで行動が変容してきた事例をお話ししてきました。これから紹介する事例は子供たちが「わかる」ことで、徐々に「できる」ことにつながっていく様子です。

「視覚支援はやっています」は本当か・その1

高等部1年生のテツヤさんの支援について相談を受けました。担任の教師たちが「テツヤさんの問題」として感じているのは主に以下のようなものでした。

- 決められた作業の時間になっても移動できず、自分の好きなことを続ける
- 急に教師や友達に近づき、一方的に大きな声で話しかける
- このような状況になった時、移動を強制したり、会話を制止したりすると、怒り出す

来週の校外学習について
スケジュールは
バッチリ？
今日の予定

これらの不適切な行動がいつから始まったか、これまでの支援を振り返ってみました。すると、問題が大きくなったのは高等部になってからですが、実はすでに小学部の頃から同じような姿があったことがわかりました。小学部の頃はまだ体が小さかったので、教師が寄り添って巧みに誘導し、移動させることで、活動に取り組むことができていたのです。中学部になると、体も大きくなり、自由な振る舞いや、飛び出し、大声などの困った行動が顕著になってきていました。

しかし、中学部の頃の担任は「教室を飛び出しても、少し経ってから自分がうまく声をかければ活動に戻ってくる」と、あまり深刻には捉えていなかったようです。「自分が声かけをすれば戻ってくる。他の教師は自分ほど彼と信頼関係ができていないから、テツヤさんに言うことを聞いてもらえないのだ」とも言っていました。

自立活動の専任教員の、「飛び出しや大声などの不適切な行動をしてしまう前に、視覚支援を使いませんか?」というアドバイスに対しては、「視覚支援はちゃんとやっていますよ。クラスにはスケジュールがちゃんとあります」と返され、支援全体を見直すこともありませんでした。

学級全体のスケジュールがあれば、視覚支援ができている、は本当でしょうか？

問題が起きてからの対処でよかったのか？

このように、これまでの支援を振り返ることで、問題点が明らかになってきました。

・小学部の頃は、身体的なプロンプトや、言葉がけだけで「なんとかなって」いた
・中学部の頃は、問題行動が起きても、少し時間が経てば「なんとかなって」いた

これらは**特別支援教育の現場によくある「担任が、なんとかなっていると考えているだけで、実は問題は何も解決されていない」状況**だと私は考えています。

これらの問題を放置しておくと、状況は徐々に悪くなっていきます。

テツヤさんは、小学部の頃に「自分で理解して動ける」学習をしておくべきだったのに、支援者が過剰な指示で動かしてしまったのです。

中学部の頃には、理解できない状況に対して不安を爆発させ始めていたのに、それを予防するような支援をしていませんでした。多分、テツヤさんは担任の教師のことは好きだ

ったのでしょう。ですから、彼が問題行動を起こす背景には、教師が声をかけてくれるのを期待するような面があったのかもしれません。

そして、結果的に高等部まで、今、するべき行動の理解ができない状況に置かれたまま、嫌なことがあると逃げる、大声を出すという行動でその状況から逃避するようになってしまっていたのです。

支援全体の再点検

テツヤさんは聴覚過敏があるため、人が大勢いる中での作業は苦手でした。彼の特性を配慮しながら、構造化や視覚支援の基本に忠実な環境づくりを進めることにしました。

まず手をつけたのは、彼専用のスケジュール作りです。

黒板にクラス全体用に掲示しているスケジュール表だけでなく、彼専用のスケジュールを作成して机の上に置くようにしてもらいました。

当たり前のことですがクラス全体のスケジュール表は、一つ一つの項目がテツヤさん個人に合わせたものではありません。例えば「作業学習」の時間は「作業学習」と書かれているだけで、テツヤさんが参加している「手工芸班」という表示ではありません。作業班の教室に行く前に行う「エプロンを着る」というスケジュールも、そこには入っていません。ですから、クラス全体のスケジュールを掲示してあるから視覚支援ができているという考え方は間違いなのです。

「書いて伝える」を徹底

スケジュール提示と合わせて行ってもらったのは、テツヤさんに指示をしたり、何か新しいことを伝えたりする時には、それを「メモに書いて伝える」ことを徹底してもらったことです。

例えばテツヤさんと一緒にいた教師が、少しの間だけその場を離れなくてはならない用事があったとします。これまでだと、「先生は用事があるので、ちょっと待っていてね」というような言葉がけだけでその場を離れてしまうことがありました。

「言って伝える」 から 「書いて伝える」へ

参考 「おはなしメモ」® おめめどう

するとテツヤさんは不安になったり、教師を待つことができず、どこかに行ってしまったりすることがよくありました。

自閉症の子にとって「ちょっと」というような曖昧な言葉や、何をして待てばよいのかわからない時間はとても不安です。教師がその場からいなくなること自体も、こちらはそれを伝えたつもりでも、彼らにとっては教師が急に消えてしまったように感じることがあります。

「先生は職員室に書類を取りに行ったのかな」とか「電話がかかってきて、呼び出されたのかな」などといった想像を働かせることも難しいので、目の前から消えてしまったことで大きな不安を感じたりします。

そこで、関わる教師には、

> 先生は用事ができたので、1時までいません。
> 1時までバランスボールで遊んでいてください。

というように、必ずメモ用紙に具体的かつ端的に書いて伝えるようにしてもらいました。

すると、すぐにテツヤさんは安心して遊んで待つことができるようになりました。教師が書いてくれたメモを見ながらニコニコしてバランスボールに揺られている彼を見ることが増えました。

このように、伝えたいことを話し言葉ではなく、その都度メモに書いて伝えるということは一見面倒なことのようにも思えます。しかし、それによってテツヤさんが安心して1人で過ごせたり、次の予定を理解して自分で動けたりすることで、全体としては支援する側はとても楽になりました。

そして、次に取り組んでもらったのは「作業内容の手順を視覚化すること」です。これについては2章18で紹介します

クラス全体のためのスケジュールは「自分の」スケジュールではない。

13 自分で納得してスケジュールの変更ができる！

見通しが持てないと不安になる子は、急な予定の変更が苦手です。では、スケジュールの変更が必要になった場合はどうするのでしょう？　変更にも「納得するため」の手順が必要です。

「急なスケジュール変更」が難しいハルカさん

ホワイトボードを使ったアナログな手段から、タブレットを使ったスケジュールアプリに移行した子のお話です。

高等部3年生のハルカさんは、見通しの持てない状況が苦手で、常にスケジュールを確認していないと気持ちが落ち着かない生徒でした。私がハルカさんと出会った時にはすでに、彼女は独自のスケジュール確認方法を身につけていました。それはホワイトボードに毎日の予定を自分で書き込むというもので、これはハルカさんが文字を読めて書けるという力を生かして、小学部の頃の担任が教えてくれていた方法でした。

スケジュール確認の手順も決まっていました。毎朝その日のスケジュール（普通に紙で書かれたものです）を担任がハルカさんに渡します。彼女はそれを見ながら自分自身の手でホワイトボードに書き写していきます。この一連の作業が彼女にとって、その日のスケジュールを納得させてくれる活動になっていました。ある意味こだわりの行動と言えますが、こだわりをうまく生かすことも大事です。彼女はその日のスケジュールを一度自分で書くというこだわりがあるからこそ、見通しが持て、それに従って自分で行動できる、という大切なスキルを身につけました。

常にスケジュールを確認していないと気持ちが落ち着かない、と言えばネガティブに聞こえますが、**逆に言えば彼女はスケジュールさえあれば、安心して行動できる**、ということても素晴らしい力を持っていると言えます。この手段は高等部まで継続していました。この手段に欠点があるとするなら、スケジュールをホワイトボードに書き込む時間がそれなりにかかることでした。ですから、急な変更があった場合には「書き直し」をしなくてはならず、そこで活動が中断してしまうのです。しかし自分の手で書いて「変更」すること自体が、彼女の納得のプロセスなので、無下にするわけにはいきません。そこで、担任と相談して考えたのが、その当時登場したばかりの**新しいテクノロジーを使い、より簡単にスケジュールを自分で作り、変更できるようにする**ことでした。

デジタル手段を導入することで「変更が簡単」に

導入したのは、アイポッド・タッチ（アップル社の音楽プレイヤー。アイフォンから電話の機能を取り除いたような端末。タッチパネルで操作ができる）でした。小型で持ち運びが便利で、アイフォン用のスケジュールアプリが使えることが利点でした。

毎朝、彼女がホワイトボードにスケジュールを書いた後で、アプリにスケジュールを入力する活動を入れました。アプリで、その日の日課に合わせたアイコンを選ぶと、自動的にその横にスケジュールの文字も入力されます。なので、ハルカさんはすぐに操作を覚えて、上手に入力・編集できるようになりました。

ここで大事なのは、ホワイトボードの使用もすぐにはやめなかったことです。つまり、最初の頃はホワイトボードにスケジュールを書き出してからアプリに入力するのですから、手間は増えたわけです。しかし、それを続けるうちに、次第にホワイトボードへの依存度が減少していきました。

アプリに入力したスケジュールを見れば、安心して次の活動に移れるようになったのです。この「ツールを複数使う」期間を「のりしろ」のように設けたことで、アナログからデジタルの「接続」がうまくいき、彼女は安心してアプリに移行することができました。興味深いことに、少し不安そうな日や、体調が悪そうな日は、ホワイトボードを持ち出してきて書き込むことがあることを、担任やお家の人から聞きました。ホワイトボードに書くことが、彼女の心の安定のツールになっていることがよくわかるエピソードでした。

携帯しやすいスケジュールで「自分の気持ちもコントロール」

端末だけでスケジュールを確認しながら行動できれば、持ち物の量と準備の手間はかなり減らせます。アイポッド・タッチへの完全乗り換えのタイミングを狙っていた頃、来月は校外学習が予定されていることがわかりました。そこで、前の週から彼女に「校外学習ではアイポッド・タッチだけを持っていこう」と提案しました。彼女もアプリに十分に慣れていたせいか、納得してくれました。校外学習のしおりは前の週に配られていたので、それを彼女自身の手で、スケジュールアプリに入れていきました。そしていよいよ、ホワイトボードとお別れして、首に下げたアイポッド・タッチだけで校外学習に出発しました。結果から言うと、これは大成功でした。道中何度もスケジュールを確認していましたが、アプリをスムーズに操作しながら、1日しっかり友達と一緒に行動できました。

私が彼女と1日行動を共にしている中で、とても印象的だった場面があります。それは昼食の時間に彼女が見せたある行動です。昼食を友達と同じテーブルで美味しそうに食べていたのですが、食べ終わってすぐに彼女がアイポッド・タッチを取り出し、スケジュールアプリの操作を始めたのです。何をしているのかなと手元を見ていたのですが、その後の一連の行動に、私はびっくりさせられました。

彼女は昼食直後のスケジュールに「お茶を飲む」という活動をその場で追加していたのです。もともとのスケジュールには昼食後は、買い物をするという予定しか入っていなかったのです。しかし彼女は喉が渇いたので、お茶を飲みたくなったのです。そこで、なんとわざわざアプリを立ち上げて編集モードに入り、「お茶を一口飲む」予定を2つ追加し、二口お茶を飲んで満足そうに次の行動に移ったのです！

これもまた「スケジュールにとらわれている」とネガティブに考える人もいるかもしれません。しかし、**臨機応変にスケジュールを変更する力というのは、素晴らしい**ものです。私たちはそれらを無意識のうちに心の中で行っていますが、彼女はそれを一旦文字や絵の形で外に出し、目で確認する手順が必要なのです。テクノロジーの力を借りることで、その手順を一瞬でこなすことができるようになれば、それは私たちが日々行っている行動と何ら変わりはありません。おしゃれなアイポッド・タッチを首に下げて友達と楽しく校外学習を過ごし、帰ってきた彼女の姿はとても輝いていました。

スケジュールを確認しながら活動する力が、予定の変更に対応できる力の基礎。

14

教師の手助けしすぎが子供の「できる」を邪魔している

次に紹介する事例は少し強烈な要素を含んでいます。強烈と言うとその子に少し失礼なのですが、ご容赦ください。教室で突然おしっこをしてしまう子です。視覚支援は関係ない、そもそも健康上の問題でしょうか？

「視覚支援はやっています」は本当か・その2

ユウキさんは自閉症で発語のない中学部2年生の男子です。
彼についての相談は以下のようなものでした。

・突然、授業中に教室の中でおしっこをしてしまう。特に難しい課題をやっている時とか、イライラして不安定な時といった状況ではない
・おしっこをしてしまうことが行動上の問題なのか健康面の問題なのかわからない
・毎日着替えを何着も用意しているがこのままでよいのだろうか。いっそのことおむつを使った方がよいのだろうか

当然のことですが、教室内で急におしっこをされてしまうのは、とても困ることです。行動上の問題でも健康面の問題でも、とにかくすぐに対応をしなければいけません。しかし担任の教師に聞き取りをしてみても、そんなことをする理由がわからないとのことです。彼に対しては、視覚支援でしっかりと予定を伝えて見通しを持ってもらっているし、毎日の個別課題もしっかり用意して、自分で取り組むことができている、と言うのです。

また、担当の教師がいつもそばにいて一緒に活動しているので、その注意を引きたいとかそういうこともあまり考えられないと言うのです。

さあ実際にどうなのか、ということで毎日の生活を観察させてもらうことにしました。そうすると、担任たちの説明と実態にはやはり少し乖離があることがわかってきました。まず視覚支援はしているということに関しては、先に紹介したテツヤさんの例にもあったように、ユウキさん専用のスケジュールと言いながらも、それはクラス全体のスケジュールと同じような内容のもので、ユウキさんの個別の活動に合わせたものではありませんでした。しかも、これがびっくりするぐらい小さなサイズだったのです。ユウキさんのロッカーの隣の本当に狭い小さなスペースに貼ってあるので、ユウキさんがそれを見て行動しているとはとても思えないものでした。

担任によると、毎朝そこで一緒にスケジュールを確認してから活動しているから、彼はそれを意識しているとのことでした。しかし、私が1日彼の行動を観察してみても、彼自身がそのスケジュールのところに行って自分で確認している様子はありませんでした。

教師の注意を引くまでもなく、教師がいつもそばにいる

私が気になったのは、教師が本当にいつもユウキさんのそばにべったりとついていることでした。ユウキさんが教室でおしっこをしてしまうと、その後始末の時間は、教師とユウキさんの距離はさらに近くなるのです。後始末は本来ユウキさんにやってもらうべきものでしょうが、それを教師が先になって一生懸命、一緒にやってしまうのです。むしろその間ユウキさんは横で寝そべったり、時にはケラケラと笑ったりしながら過ごしているのです。おしっこをすると、むしろ教師との関わりが増え、ユウキさんにとってはそれが一種の遊びになっているのは明らかでした。

また「1人で活動できている」という個別課題の時間も問題でした。確かに課題別の学習時間は、数の学習のプリントに取り組んだり、ビーズの糸通しに取り組んだりと、活動自体はしっかりできているように見えました。しかしその中身を細かく見ていくと、かなり自己流で、適当にやっていることが多いのです。要するに、正確にやってもやらなくてもどちらでも許されている状態、好き勝手に過ごしているということがわかりました。

つまりユウキさんは、スケジュールという形や、個別課題という形はできていても、その中身は伴っていない。スケジュールは見ても見なくても、特に困らない。なぜなら、結局、教師が全部手助けしてくれるから、という生活だったのです。

記録を見直し、課題を整理する

このような支援の課題を把握するには、記録が重要でした。支援に入らせてもらうと同時に、可能な限り動画を撮り、一緒に振り返ることで、教師自身に課題を意識してもらいました。その上で改善のポイントを整理しました。

1 **ユウキさんの専用スケジュールを用意する。**

一つ一つの活動が終わったら自分で終了ボックスに入れるようにすることで、自分で確認して次の活動に取りかかれるようにする。

2 **課題別の個別学習は、自己流ではなく一つ一つの課題を正確に行うようにする。**

そのためにまず、課題を彼の今の力に合ったものに直し、エラーなしでできるものにする。

3 **教室内でおしっこをしてしまった時の片付けは、すべてユウキさん自身にやってもらう。おしっこをしたら自分で片付けなければいけないということを理解してもらう。**

教師は基本的に手伝わない。やり方を最初に教えたり、手順がわからなくなった時は、見本を示したりして、最低限のプロンプトをする。

以上の方向性を決めて、まずは必要な構造化に取り組みました。

スケジュールは、ユウキさんの机の近くにある柱に専用のものを取り付けました。前日に翌日のスケジュールを教師と確認しながらすべて貼ります。当日、一つ一つの活動が終わったらそれをユウキさん自身で外し、終了ボックスの中に入れます。その際に、教師は余計な言語指示や手出しはせず、ユウキさんが自分でできた時に褒めることを徹底しました。まもなくユウキさんは自分でスケジュールを確認しながら動くようになり、教師は次第に距離を取ることができるようになりました。

個別の課題学習は、プリント1枚とか、課題1セットなど、一区切りついたところで、教師が確認してしっかり褒めることで、毎回丁寧に取り組むことができるようになりました。簡単すぎて暇になるとか、よくわからないから適当にやってしまう、ということがなくなり、自分1人で正しく取り組めるようになりました。

行動をカウントし、変容をチェック

最後に、自分が教室を汚してしまった後の掃除についてです。最初は教師がお手伝いしてくれることを当然と思っていて、それを求めている姿がありました。しかし、だんだん誰も手伝ってくれない、すべて自分でやらなければいけないことがわかってくると、徐々に自分でやるようになっていきました。そしてそれと並行して、教室でおしっこをしてしまう回数がどんどん減っていきました。要は、担任が「自分は手伝わない」ということを明確にするだけだったのです。

このような行動上の問題がある子の行動の変容を狙う時には、行動をカウントしておくことがとても大切です。下図のグラフは、ユウキさんの支援を開始する前のおしっこの回数（これをベースラインと言います）と、支援介入後のおしっこの回数です。このように、自分で汚したものは自分で掃除するように状況を変える、という支援方針にしただけで、問題の行動はどんどん減っていきました。

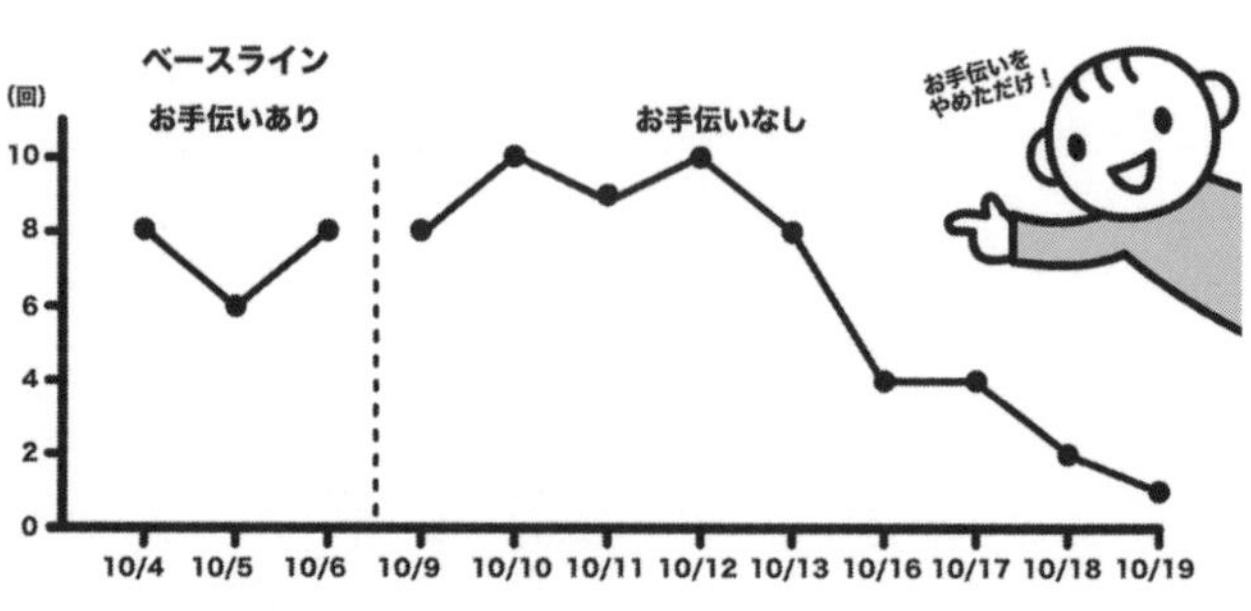

大事なのは、支援者という「環境」を変えること

この支援に取り組む際に私が少しだけ苦労したのは、ユウキさんのことではなく、むしろついつい手助けをしてしまう教師への支援でした。

教師は本当に世話好きな人が多いです。子供が自分で汚した床なのですから、自分で拭いてもらっているだけなのに、なぜか一緒に手伝ってあげなければいけないような気持ちになってしまうのです。そのついつい手を出してしまう教師に横から、「いや今は何もしないでください」とか「雑巾はユウキさん自身に絞らせてください」ということを言う方が、実は私にとっては手間のかかることでした。

支援が必要なのはどっちなのでしょう？　変わらなくてはいけないのは教師の方だったのかもしれません。**子供に変わってほしければ、まず周囲の大人から…**、というのは本当ですね。

教師の仕事は子供たちのお手伝いではない。
子供たちが「自分でできるようになる」ことをお手伝いするのだ。

15

視覚支援をしたら空を飛べるようになるわけじゃない

「視覚支援が有効でない場合もある」などと、当たり前のことを言って、支援をしない言い訳ばかりする人がいます。そのような人たちが、視覚支援以外の優れた技を発揮してくれる場面を見たことがありません。

視覚支援をやれない人の言い訳「視覚支援は常に有効なわけではない」

この本が世に出る頃には、できればあまり流行っていてほしくない言葉に「論破」があります。最近は一方的に自分の考えをまくし立て、相手を論破したというような言い方が持てはやされたりする傾向があるようです。視覚支援についても、その有効性についていろいろと意見を言う人がいますが、正直そのほとんどは、やらないことの言い訳に過ぎないことが多いようです。特に「視覚支援は常に有効なわけではない」と、さも重要な指摘をしたかのように（まさに「論破」したかのように）言う人がいます。

私は心が狭いので、「そりゃそうでしょう。視覚支援をしても空は飛べませんからね」とか「視覚支援で100メートルを9秒で走れたらオリンピック選手ですからね」などと、つい大人気ない返し方をしてしまいます。

しかし、考えるまでもなく、**視覚支援で対応できないことがあるのは、当たり前のことなのです。**

タイマーを勝手にいじらないようにする方法を教えてください

「視覚支援をやろうとしているのに子供が勝手にタイマーをいじって時間を変えてしま

う。それを防ぐための方法を教えてください」…このような質問をされることもよくあります。

朝の運動でマラソンをする、というような活動をする学校は多いと思いますが、「校庭を3周する」ということがわからない子が「3周走れば**終わり**」という見通しを持つことで走ってくれる。これが視覚支援です。3周走ることが体力の限界の子が、10周走ることを視覚的に示しても、走れるはずはないのです。

時間の構造化で陥りやすい落とし穴がここにあります。掃除の時間に、なかなか自分の仕事に取りかかってくれない子、あるいは取りかかっても遊びながらになってしまって、なかなか仕事が進まない子がいます。中には15分間の清掃時間だと伝えたのに、自分で勝手にタイマーを短くしてしまう子がいたりします。すると教師の中には、タイマーを勝手に動かしたことを叱責したり、あるいは子供が絶対にタイマーを触れないように高いところに置いたりする人もいます。そしてそういう人たちが前述のように「タイマーを使ってもやってくれない」などと、子供が思ったように動かないことに憤慨したり「子供が勝手に操作できないタイマーはないか」という質問をしてきたりするのです。

実は最近のアプリでは、子供が変更することができないような機能を持ったタイマーアプリもあります。

しかし、繰り返しますが本来**タイマーは万能ではない**のです。**時間の構造化と視覚支援は、あくまで活動時間の見通しが持てるように伝えることで、子供たちに取り組んでもらうようにするためのもの**なのです。こちらが15分と言ったら15分従わせる機械ではありません。15分のタイマーを短くしたということは、逆に言えば活動時間の見通しが持てたということです。タイマーの時間を短くすることで「そんなに長く掃除をしたくない」と伝えている子に対してどうするか。それは視覚支援とはまた別の問題のはずです。そこを履き違えて「視覚支援の有効性の問題」にすり替えている教師は、視覚支援云々以前に、そもそも教師としてさほど優れた技術を持っているわけではないのです。その人が視覚支援を使わずに、掃除を拒否している子を15分働いてくれるようにできるすごい教師なら、そもそも視覚支援の悪口なんか言わずに、自分の技を他の教師に教えてくれる人のはずですから。

視覚支援も技の1つとして取り入れ、柔軟な支援ができる存在になりたい。

16

活動の構造化で「わかる」から「できる」へ導く

教室の環境が整い、時間や活動の見通しが持てるようになると、子供の情緒も行動も安定してきます。その安定した時こそ、できる体験をたくさん重ねて力をつけ、成長してもらうチャンスなのです。

活動の構造化をしよう

教室環境を整えて、物理的な構造化がひとまずできました。タイムタイマーやスケジュールで時間の見通しも持てるように環境を整えました。でも、それでやるべきことがすべてわかるわけではありません。2章8のサトシさんの例のように、作業室の中での自分の立ち位置がわかれば、ある程度大まかな活動の内容は理解できるでしょうが、それだけではやるべきことの細部まではわかりません。

そこで次にやるべきは「活動の構造化」です。

1章2で述べた活動の構造化のポイントを、作業学習を例に確認してみましょう。

・ここでどんな作業をするのか
・どのくらいの量（時間）の作業をするのか
・その作業はどうなったら終わりなのか
・終わったら何をするのか

これをサトシさんがやっていた紙すき用のパルプをちぎる作業に当てはめて、実際の支援を考えてみます。

・ここでどんな作業をするのか
↓パルプのちぎる前と後の写真を貼っておき、作業前と作業後がわかるようにする。
・どのくらいの量（時間）の作業をするのか
↓ちぎる前のパルプが入ったお皿を左側に置く。そのお皿が空になるまで取り組む。または、作業時間の25分をタイムタイマーで示す。
・その作業はどうなったら終わりなのか
↓ちぎったパルプを右側のお皿に入れ、左が空になったら終了。またはタイマーの赤い部分がなくなり、アラームが鳴ったら終了。
・終わったら何をするのか
↓5分休憩で好きな音楽が聞ける。その後、次の作業をする場所に移動する。

一人一人に合わせた活動内容と量を

ここで注意しないといけないのは、**一人一人の子の現在の力は違うのですから、この**

「どんな作業」「どのくらい」「どうなったら終わり」「終わったら何をする」かは、**一人一人違ってきて当然**だということです。作業の内容や量はもちろん、その知らせ方や終わった後の活動は、一人一人に合わせて個別化していく必要があります。

よく作業学習で子供が落ち着かない、安定しないという話を聞きます。実際の現場を見に行くと、どう考えてもその子には合わない量や、難しい作業内容が用意されていることがあります。作業自体を楽しむのが難しい子なのに、頑張って働いた後のお楽しみはないとか、それは一種の罰じゃないの?と言いたくなります。それでは子供が不安になるのは当たり前です。**特に注意が必要なのは、活動内容にばかり教師の意識が向いていて、適切な休憩を考慮していないという状況**です。いつ休めるのかわからないという校内ブラック企業化の現場を何度か見てきました。要注意です。

> 大事なのはできる活動、量、その後の楽しみ、つまり「できた喜び」を用意すること。

17 一人一人に合わせた「ワーク・システム」を作る

子供たちに取り組んでもらう活動を、視覚支援で明確にすることができました。でも、時には作業工程でミスをしたり、何をやればよいのかわからなくなったりすることもあります。そんな時にはどうすればよいのでしょう。

ワーク・システム

活動の構造化は「ワーク・システム」とも言われます。**ワーク・システムづくりの基本は、取り組む課題や教材を「左から右へ」配置すること**です（サトシさんの仕事であるパルプちぎりも、左に置かれたパルプをちぎって右のお皿に入れるようになっていましたね）。TEACCHプログラムに関する優れた解説書である『自閉症児のためのTEACCHハンドブック　改訂新版　自閉症療育ハンドブック』（佐々木正美著・学研）では、この「左から右へ」のシステムの原則について次のように説明しています。（著者要約）

・（事前）教材は、学習や作業の机上の左側に用意する。
　　　　机上の右側には、完成品を入れる箱を置く。

・（課題）子供は、左側の箱にある教材や作業部品を手に取り、中央で決められた課題（作業）をして、完成品を右側の箱の中に入れる。

・留意点　どのような課題を、どのくらいの量やるかは、左側の教材や材料を見て、中央の絵や図解を見れば理解できるようにする。
　　　　課題（作業）の終了は、左側の箱が空になり、右側の箱が完成品でいっぱいになった時ということで理解できるようにする。

作業に取り組めるようになった子供も、時にはミスをしたり、不調で作業手順がわからなくなってしまったりすることもあります。そんな時にも「左から右へ」が基本になっていると、困った時は左からに立ち戻ればよいということがわかり、自分で正しいやり方に戻ることができるようになります。

タスク・オーガナイゼーション

先ほど示したように「中央の絵や図解を見れば理解できるようにする」の部分で視覚支援が重要な役割を果たします。サトシさんの作業は比較的単純な「パルプをちぎる」というものでしたが、例えば箱折りや部品の組み立てなどいくつかの工程がある作業では、実物や写真、絵やシンボル、文字などを組み合わせて、その子が理解できる「作業手順書」が必要になります。TEACCHプログラムではこれらをタスク・オーガナイゼーションと言います。タスク・オーガナイゼーションにも様々なタイプがあり、それは決して手順書のようなものだけではありません。話し言葉の理解が不十分で、写真や絵での理解も難しい子には、シンプルな一対一対応を使うことで作業ができるようにするのもタスク・オーガナイゼーションの一例です。例えば機械部品を10個ずつ袋に詰める作業があったとします。10の数が数えられない子でも、10個分の仕切りがついた箱の中に、順に部品を入れていき、仕切りの中に全部部品を入れたら袋に詰め直すことで、結果的に10個で1セットを作る作業ができるようになります。

ワーク・システムやタスク・オーガナイゼーションの目的は、教師や支援者がいつも近くにいて指示や指導をしなくても、子供が自分で活動できるようにすることです。ですから当然その子に合わせた個別のものになります。

ところが学校では時々、他の子のために作ったシステムを、別の子にそのまま使っている姿を見かけます。**他の子のために作られたシステムは、どこかしっくりこない**ものです。ワーク・システムもタスク・オーガナイゼーションも単なる活動場所の設置ではなく、その子が安心して学習や生活や作業に取り組める環境づくりであることを忘れてはなりません。

安心して力を発揮できる場所。
それが、ワーク・システムとタスク・オーガナイゼーションが目指すところ。

18

手順表があれば1人で作業ができる！

テツヤさんの事例の続きです。

スケジュールで見通しを持つことで、1人でも過ごせるようになった彼は、手順表という武器を持つことで、作業に楽しく取り組むことができるようになりました。

「自分勝手」ではなく「勝手がわからない」だけ

2章12で述べた通り、テツヤさんはなかなか次の行動に移れず、自分勝手に見える行動を取る生徒でした。しかし、その背景には、彼が周囲の状況を理解することや見通しを持つことの困難があることがわかり、アプローチを変えることができました。

個別のスケジュールをしっかり伝えることで、彼は「自分勝手」なのではなく、むしろ私たちが明確に「今やること」「次にやること」の情報を提示していなかったことがわかりました。ちょっとした隙間の時間も、何をして待てばいいのかを明確に伝えることで、安心して待ってくれるようになりました。その時間にバランスボールに乗って運動をするといった、明確な活動を取り入れることもできるようになりました。

これまでの待ち時間がポジティブな活動の時間に変わることで、テツヤさんは安定してくると同時に、スムーズに次の活動に移れるようになりました。

ワーク・システムの導入

次に私たちが取り組んだのは、テツヤさんの作業学習のあり方の改善でした。

彼はあまり仕事をしてくれない生徒、というネガティブなイメージを持たれていました。

しかし、ここまでの支援で明らかになった通り、実際は、「私たち支援者が、彼にとってわかりやすく作業の進め方を伝えていなかった」ことがわかりました。

そこで物理的な構造化と時間の構造化に加えて、作業の手順表や専用の道具を整備し、テツヤさん専用のワーク・システムを構築しました。


まず、テツヤさんは毎日ほんの少しの作業にしか取り組めず、すぐに教室を出て行ってしまうことから、次の2点から始めました。

1　これまで一番よく取り組んでくれた仕事を主にする。
2　取り組む時間と、最低限やる作業量を明示する。

牛乳パックの数を数える仕事を中心に、1セット終わったらシールを1枚表に貼る、という手順を決めました。そのシールが5枚たまると、次の仕事に移るという順番にすることで、仕事の進捗を目で見てわかるようにしました。

こうすることで、「もうすぐ仕事が終わりだな」ということが理解され、落ち着いて取り組める時間が増えました。

トークン・エコノミーの導入

　ワーク・システムと同時に、トークン・エコノミーも取り入れました。５枚のシールがたまり、合計20枚のシールになったら、表の最後にテツヤさんが大好きなポケモンシールを貼って、今日の作業は終了、ということにしました。

　こうすることで、テツヤさんはポケモンのシールがたまっていくことを楽しみにし、１日の活動をやり抜くことができるようになりました。そして、お家の方と相談して、１週間作業学習が頑張れたらお休みの日にご褒美がもらえるようにしてもらいました。ポケモンのシールが５枚たまったら、週末はテツヤさんが大好きなマクドナルドに行って、ポテトを注文できる約束をしました。このトークン・エコノミーによって、テツヤさんはポケモンのシールを楽しみにしながら毎日頑張り、さらに１週間の作業でそれが５枚たまったらポテトということがしっかりわかり、一生懸命作業に取り組めるようになりました。

るようになりました。

お家の方との連携をさらに一歩進めました。休みの日にポテトを食べることができたら、ポテトのシールを連絡帳に貼ってもらうようにしました。このポテトのシールを10枚集めると、週末のお出かけの場所を1つ増やすという約束になりました。つまり、約2ヶ月ほど作業を頑張ると、さらなるボーナスポイントがつくのです。テツヤさんは回転寿司が大好きなので、ポテトシールを10枚集めたら回転寿司に1回行ける、という風にして、さらに楽しみを増やしていくことができました。

食べる回数が増えるように見えて、実は…

なんだかカロリーが高そうなものを食べる機会が増えるばかりじゃないか、と思われるかもしれませんが、この話には裏があります。

実はテツヤさんの家では、これまでも月に1回程度もしくはそれ以上のペースで回転寿司には行っていたのです。テツヤさんはお寿司が大好きなので、頻繁に行きたがりましたし、時にはその希望が叶えられないと、大声を出したり、お母さんを叩いたりすることがあったのです。回転寿司に行きたい時にはいつでも行けるとか、自分が回転寿司に行きたいと思ったら何が何でも連れて行ってもらうということが癖になってしまうのは、もちろんよいことではありません。

ところが、このトークン・エコノミーを日常生活の中に組み込むことで、結果的に回転寿司に行く回数が減ったのです。

つまりテツヤさんにとって**「行きたい時に行ける」**回転寿司が**「頑張って働くと行ける」場所に変わった**のです。

シールがたまってくると「もうすぐ回転寿司だね！」とお家の人と話すことができるようになりました。シール集め達成の日をカレンダーに書き込んで、そこにお寿司の絵を描いて楽しみにするようになりました。回転寿司に行きたい時は、お家の人を叩くのではなく、自分が仕事を頑張れば行けるのだ、とテツヤさんは学んでくれたのです。

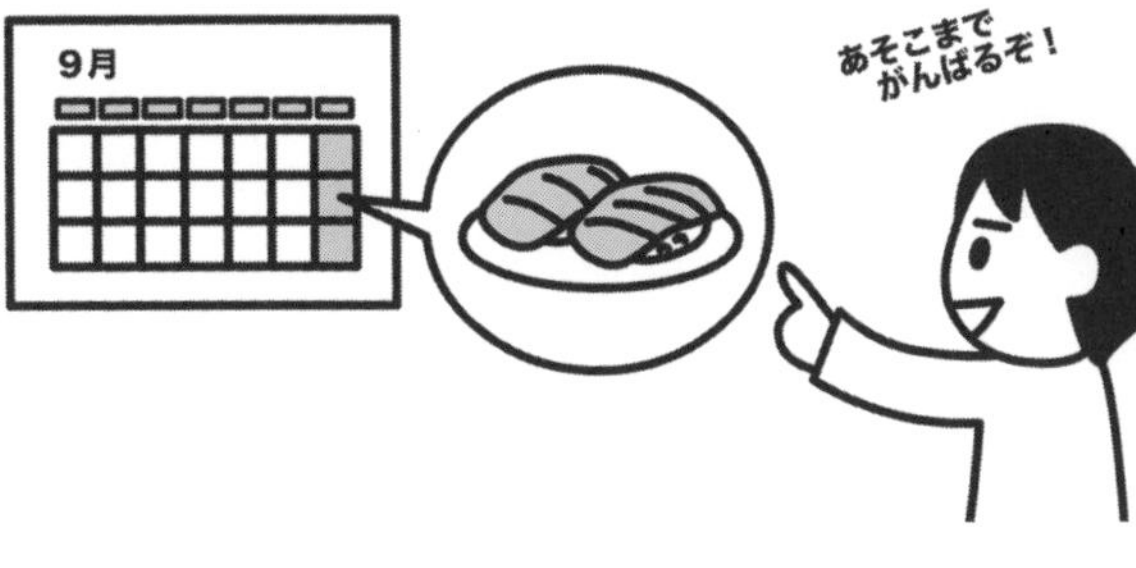

「ゆっくり食べると、美味しいよ！」感じのよい伝え方

このように活動を構造化し、視覚的に伝えることは、テツヤさんとのコミュニケーションをとてもスムーズにしました。

最後に彼のクラスの支援員さんが行ってくれた素敵な支援を紹介しましょう。テツヤさんのクラスの支援員さんは、とても親切で優しい方でした。その方は以前から、テツヤさんの給食の時間の過ごし方を気にかけていました。

テツヤさんは給食準備の時間、自分の分担の仕事が終わってしまうと、他の友達がまだ仕事をしていても、それが終わるのを待てない子でした。お皿を叩いたり、大声で「早くしろよ！」と言ったりすることもありました。また、かなり早食いの傾向があり、あっという間に食べ終わり、今度は友達が食べ終わるまで片付けを待つことができませんでした。

そこで支援員さんが「ゆっくり食べる」ための、テツヤさん専用の視覚支援を作ってくれました。その手順表はとても素敵なものでした。牛乳を一口飲む。おかずをスプーン一杯分、口に入れて10回噛む、といったように、一つ一つの順番が丁寧に書かれているのです。

このような「指示書」は、人によっては細かすぎると感じるかもしれません。しかし、これまでテツヤさんは「ゆっくり食べよう」とか「味わって食べよう」といった曖昧な言葉

が理解できなかったのです。具体的に回数を示すことで、テツヤさんはゆっくり10回しっかり噛んで食べることができました。「ゆっくり食べると、美味しいよ！」というメッセージも書かれていました。テツヤさんがゆっくりじっくり味わって食べている時、支援員さんも隣から「美味しいね」と、彼の姿に共感する言葉をかけてくれました。

こうしてこれまで曖昧だったテツヤさんの世界は、わかりやすい手順の視覚支援によって整っていきました。その後、彼は結構騒がしい作業室の中でもイヤーマフをして、友達と一緒に仕事ができるようになりました。**自分のやるべきことがわかり、それに楽しんで取り組めるようになると、実はちょっとした刺激は気にならなくなる**のだということを、テツヤさんが教えてくれました。

手順表は世界を整理してくれる手がかり。

19

先生、それ半分にしてみたら？
―作業量の調節を大事にする

2章16でも少し触れましたが、活動の構造化で忘れてはならないのは、活動それ自体の内容に加えて、その量が適切であるかどうかです。見た目の仕事量が多いと、それだけで不安になるのは大人も同じですよね。

減らせばよいだけ、ってこともある

実はこの項を書くかどうか、少し悩みました。

え、何を言っているの？と読者のみなさんは思われるかもしれません。というのも、ここに書く内容はまさに「出オチ」という言葉がぴったりだからです。

教室環境を整え、ワーク・システムを整理し、作業手順をしっかりと視覚支援して、いざ活動に取り組んでもらおうと思ったら、子供がなかなか取りかかってくれない。やり始めてもすぐに手が止まる。途中で教室を飛び出してしまう。そんな悩みを相談されて、作業場所に行ってみると…。

机の左側には、これから取り組む作業のための素材が積んであります。ＯＫですね。左から右へのセオリーもきちんと守られています。すごいですね！

しかし、その素材の量がすごい。小さな部品が入ったケースが10段積みになって、圧倒的な存在感を放っています。大人でも今からこれをやるのか、と見ただけでやる気が失せます。

こんな時のアドバイスは一言です。

「仕事の量、半分にしてみませんか？」

できたね！すごい！から始めるために

タイムタイマーで時間を示せば何時間でも活動してくれるわけではないのと同じように、ワーク・システムさえ作れば何百個でも何千個でも作業をし続けてくれるわけではありません。

このような現場に出合った時に、「ものすごい量ですね。最初からこんなにあると、終わるのかな？って気持ちになりませんか？」と聞くと、担当の教師が、「でも○○さんは、やり始めると集中力がすごいんです。だから最初から十分な作業量を用意した方がよいと思って。それに○○さんがこれを仕上げて、次の工程に回さないと、他の子たちの仕事がなくなってしまいます」などとおっしゃることがあります。

このような場合、私はいつも「でも実際に、今現在この量には取り組めていないわけですよね。まずは環境を変えないと、お子さんの行動も変えられませんよね」と作業の量をまずは半分、できれば思いきって10分の1程度にすることを提案します。

大抵の教師は、最初、嫌そうにします。それでも試してみると多くの場合、1ケースくらいの作業は、あっという間にやりきれてしまいます。

「できたね！」と褒めると、その子はにっこり満足そうです。そこで、できたねシールを1枚貼ってあげて、さらにもう1ケース取り組んでもらいましたが、全然平気で仕上げてしまいました。3ケースほどやるとやや疲れたり飽きてきたりしているように見えたので、そこで一旦休憩にしました。しばらくは3ケースで休憩というサイクルでどうでしょうと提案をしました。このような提示の仕方なら、その子は場を離れずに最後まで仕事をやりきれるようになりました。

自閉症の子たちは、やり慣れた同じ作業を繰り返すことを好むということはよく知られています。彼らにとって習熟した活動、繰り返しの作業は見通しが持ちやすいので、不安を軽減し安心感や安定感をもたらします。慣れた活動の場合、驚くべき集中力と丁寧さで大量の製作をこなし、満足そうなよい表情を見せてくれることもしばしばあります。しかし、だからと言って、最初から大量の作業を用意することは、必ずしもすべての子にとって最良のアプローチであるとは限りません。

その子に合った作業量を、うまく設定できているか、時々見直そう。

20

コミュニケーションの基本「伝えられる」ための支援を行う

ここまでは、「わかる」ことで「できる」に重点を置いた支援について話してきました。ここからは、子供からの「発信」を支援する方法について説明します。気持ちが「伝わる」ための支援はどうあったらよいのでしょう。

視覚支援を表出手段に

ここからは、シンボルなどの視覚的な手段を用いて自分の意思を「表出」する方法について考えていきましょう。自閉症の子供の中には、独り言やエコラリア（反響言語）などの音声の「表出」はあっても、それがコミュニケーションとして「機能」していない子もいます。コミュニケーションは、人と人の相互作用です。いくら盛んに音声言語が表出されていても、それが一方通行では「コミュニケーション」としての意味をなしません。

いわゆる**「行動上の問題」の多くは、その背景に「コミュニケーション方法」を間違った形で学習してしまっていることがあると言われています。**お腹が空いた、何か食べたい、という気持ちを言葉で伝えられない子が、大きな声で叫んだとします。その時におやつがもらえたら、その後叫び声を上げることが増えるかもしれません。このように誤った要求方法（というのは、

あくまで私たちの立場からで、その子にとってはパニックも、その時点では重要かつ切実な表出方法であることは2章10のトオルさんのお話で示した通りです）を身につけてしまわないようにするにはどうすればよいのでしょう。そのためにまさに「教室における視覚支援」で、適切なコミュニケーションの方法を具体的に提示してあげることが必要です。それは一言で言うと、**適切な発信をすれば自分にとってよい結果が返ってくるという経験**を学校生活の中でたくさん積んでもらうということです。

コミュニケーションの環境づくり

赤ちゃんは、泣くとおっぱいがもらえる、だっこしてもらえる、という経験から、泣くことを、意思伝達の手段として獲得します。それはやがて、自分が笑うとお母さんが笑う、自分がしゃべるとお母さんも話しかけてくれる、というより高度なコミュニケーションにつながっていきます。その際に重要なのは、お母さんから返ってくる反応が、赤ちゃんにとって「心地よい」ことです。泣いても笑ってもよい結果が返ってこないのであれば、その子はコミュニケーションのよさを感じることができません。

つまり、コミュニケーション学習の最初のポイントは、周囲の反応がいかにその子にとって価値があるか、ということです。

どんな表出手段を獲得させるかにかかわらず、初期の段階では「周囲がきちんと反応してあげる」「適切な要求方法には必ず応える」ということの方が大切です。そのために、学習の初期は、子供が要求できるものを1つに制限して、こちらが確実に対応できるようにするのが望ましいでしょう。

具体的には、飲み物やお菓子を1種類だけに絞った上で、おやつを要求する場面を作る、というような方法です。なぜ「確実な」対応が必要なのでしょう。それは一番よくないのが要求に対して「応えたり、応えなかったり」することだからです。「ポテトチップス」の絵カードがあって、せっかく子供が指差して要求したのに、ある時はポテトチップスがあり、ある時には「品切れ」で出てこない。こういった状況は子供を混乱させてしまい、適切なコミュニケーション経験の積み重ねになりません。


その子にとって最適なコミュニケーション環境を考えていこう。

21

「伝えられる」ための視覚支援 ―「AAC」を知る

コミュニケーションのための環境を作りながら、その中でどのように具体的な表出手段を提供していくかを考えていきましょう。その時に、ぜひ知っておいてほしいのが、AACという考え方、技法です。

ＡＡＣとは

ＡＡＣはAugmentative and Alternative Communication の略で「拡大代替コミュニケーション」または「補助代替コミュニケーション」と訳されます。話し言葉の獲得や使用に困難を示す人々を対象に、身振り手振りやジェスチャー、写真や絵や文字など各種の手段を、言葉の補助または代替として積極的に用いてコミュニケーションを可能にしようとするアプローチです。

日本におけるＡＡＣ研究の先駆者の１人である中邑賢龍氏は著書『ＡＡＣ入門』（atacLab）の中で、「ＡＡＣの基本は、手段にこだわらず、その人に残された能力とテクノロジーの力で自分の意志を相手に伝えること」とした上で、「歩けることよりも移動できること、しゃべれることよりもコミュニケーションできることへの価値転換が求められています。そのためには障害のある人の努力だけではなく、周囲がＡＡＣ技法を理解し、

上手く組み合わせる必要があります」と述べています。

国際障害分類（ＩＣＩＤＨ）から国際生活機能分類（ＩＣＦ）に転換したことの意義に、障害を人間と環境との相互作用の下で理解することとした点があります。障害は個人ではなく環境の側にもある、と考えた時に「コミュニケーションできない人」は、実は「まだ適切なコミュニケーション手段を保障されていない人」であることが見えてきます。その一人一人に、社会の側が、適切なＡＡＣ手段を提供するべきだ、ということがわかってきます。

ＡＡＣ手段の分類

ＡＡＣ手段は、大きく分けて非補助系と補助系に分類されます。

非補助系とは、外部に特別な補助的道具が必要ない、身振り手振り、表情、視線、手指サインなどの手段です。

逆に補助系は、外部になんらかの補助的道具が必要な、絵カード、写真、図形シンボル、文字盤、ＶＯＣＡ（音声表出型コミュニケーション装置）などの手段のことを示します。

近年はタブレットやスマートフォンなどのハイテク機器のＡＡＣ手段としての活用が急速に発展しています。ＶＯＣＡアプリや視線入力装置を使って、コミュニケーションする試みは学校現場にも浸透してきています。それらのハイテク機器は大変便利ですが、忘れてはならないのは、やはり**「ＡＡＣの基本は手段にこだわらないこと」**です。**個々の実態に合わせて、時にはローテク手段も組み合わせながら、一人一人に合った適切なコミュニケーション手段を、柔軟に提供することが肝要**です。

補助系ＡＡＣ手段：絵カード

私たちが支援する子の多くは、その要求場面の中で適切に「音声言語」を使うことが困難です。そこで、話し言葉の代わりの手段として、絵カードのような視覚的な手段を提供することが必要になるわけです。

絵カードを用いた、表出性のコミュニケーション支援の代表的なものとしてはＰＥＣＳがあげられます（参照２章５）。

ＰＥＣＳの特徴は「自発的」にコミュニケーションができるようになることを目指していて、そのための段階的な指導手順がしっかりとマニュアル化されている点です。「自発的」に絵カードを使って意思表示をしてもらうというのは、意外に難しいことです。特に自閉症の人にコミュニケーション手段を身につけてもらう時には、支援者側にしっかりとした知識がないと、絵カードを取って渡すという形式的な動作を習得させただけ、ということになりかねません。

ですから、PECSのような理論的背景がしっかりしたコミュニケーション支援方法を学んでおくことは、子供たちの主体性を育てていくという意味でも大切なことだと言えるでしょう。

補助系AAC手段：VOCA

VOCAとはVoice Output Communication Aidの略で、一言で言うと「音を出してくれる」機械です。そして、この「音を出してくれる」という点が最大の利点です。

例えば絵カードを指差して自分の要求を伝えられるようになった子がいたとします。しかし、伝えたい相手が別の方向を向

いていたら、せっかくの要求が伝わりません。学校では、担任の教師が他の子と関わっていて、こちらを見ていない、ということは往々にしてあります。

でも、そんな時にVOCAを使って「先生！」と呼びかけたらどうなるでしょう。きっと教師は「なになに？」とこちらにも注意を向けてくれるでしょう。VOCAは、このように「相手の注意を引きつける」という重要な機能を持っています。

私たちは、人に話しかける時には、最初に「ねえねえ」と呼びかけたり、目を合わせたり、なんらかのジェスチャーをしたりすることで、相手の注意を引くことを無意識のうちにやっています。適切なコミュニケーション方法を身につけていない子供の中には、この最初の「注意を引きつけること」（注意喚起行動）ができない、もしくはその意味自体がわかっていない、という子供も少なくないのです。

AACの考え方の重要なポイントは、「手段にこだわらないこと」。

22

「嫌だ」という気持ちを伝えられることが大切である

発語のない子にＡＡＣ手段で自分の気持ちを伝えてほしい、という願いを持つ支援者は多いです。しかし、自分の気持ちを伝えられるツールであることを理解してもらう前に、大事なことがあります。

他害行為のあるダイゴさん

ダイゴさんは中学部2年生の男子生徒です。主な障害は、知的障害と自閉症です。発語がなく、自分の気持ちを伝えることが困難です。簡単な身振り手振り以外には表出手段がありませんでした。そのせいもあってか、時々大声を出したり、他害行為や自傷行為などの行動上の問題が起きたりしていました。小学部の頃は、担任がマンツーマンでつくことで、ある程度行動をコントロールすることができていたのですが、体が大きくなってからは、それも難しくなりました。大声を出したり、他害行為が始まると、周囲の友達を不安にさせたり、危害が及ぶ可能性があったりするため、教師が、時には強制的に別室に誘導して、落ち着くまでその場に長くとどまり、不機嫌な状態で過ごす、といった状態が続いていました。

これまでの支援の振り返り

支援会議を開き、ダイゴさんに対するこれまでの支援のあり方を振り返りました。その結果、次のような状況が確認されました。

・小学部の頃の担任は「言葉がけで動けるので、基本的な理解はできている」と言っていたが、教師の声かけや周囲の状況を手がかりにして動いているのであって、状況を理解して、自分から取り組めている活動はほとんどない。

・明確な意思表示手段がないため、本人の理解の程度や、気持ちを確認することがないままに活動に取り組ませてしまっている。やるべきことを理解して、楽しんで取り組める活動になっていない。

ここまで読まれた方は、なんだかどこかで読んだ話だな、と感じたのではないでしょうか。そうです。これはテツヤさんの項（参照2章12）で書いた状況そのものだと言えるでしょう。

これらは特別支援教育の現場によくある**「担任が、なんとかなっていると考えているだけで、実は問題は何も解決されていない」状況**です。

このような状況を踏まえてまずやるべきことも、やはりテツヤさんと共通しています。まずは、ダイゴさんが自分で理解し行動できるように環境を整える必要があります。スケジュールや活動の手順に関する視覚支援を確実に行うことです。そして、テツヤさんと違い話すことができないダイゴさんには、発語を代替する表出手段を用意することも支援目標に加えて、進めていくことになりました。

具体的な支援

ダイゴさんの支援は、ここまでの事例で紹介してきた「わかる」環境づくりと「できる」環境づくり、そのための手段としての視覚支援を当たり前にやっていっただけ、とも言えます。

まずは基本の支援として、視覚支援シンボルを使って、今日・明日・明後日の3日分のスケジュール提示を徹底し、見通しを持って活動できるようにしました。特に個別指導の場面では、活動内容と手順をあらかじめ伝えること、取り組む時間を明確にすること、それによって得られる安心感をベースに活動できることを大切にしました。活動はもちろんですが、週に1回、私がダイゴさんの個別学習を担当することもありました。その際にも、常に手順表やタイムタイマーを用意し、課題も今の力で楽しく確実にできるものを準備しました。

スケジュールを破く。視覚支援大失敗？

シンボルを用いて、毎週のスケジュールをきちんと事前に伝える、終わった予定と、今後の予定がはっきり見てわかるようにするといった、基本的な支援を丁寧に行っていきました。

そんな取り組みを始めた頃のある日、ちょっとした事件が起きました。私がダイゴさんとの個別学習のために教室に行った時、ダイゴさんが私の顔を見るなり、スケジュール表を破き始めたのです。そして「病院」のシンボルだけ切り離すと、私に「捨ててくれ」と言わんばかりに手渡したのです。どうやら、午前中の通院が嫌だということを伝えようとしているようなのです。病院が嫌であることは、その前後で機嫌が悪くなるので、周囲の人たちはもちろん気づいていました。しかし、考えてみると彼には「嫌なことを嫌だと言う手段」がなかったのです。スケジュール表を破く、という行為自体は、一見困った行動のように見えます。しかし発語のない彼にとっては、この方法が

自分の気持ちを伝える唯一の方法だったのです。

残念ながら病院を嫌だ、と言われても行かなくてすむようになるわけではありません。であれば、せめて他の場面では、彼に選べる体験を保障してあげなくてはいけません。

アプリへの移行

そこで、ここまでの支援と並行して、DropTap（参照2章30）のようなスケジュール表示ができるアプリを使い、自分で活動の順番を決められるようにしました。アナログのスケジュールは順番の変更に手間がかかりますが、アプリは順番の変更が柔軟にできるので、**ダイゴさんも簡単に操作でき、希望通りの順番で活動をする**ことができるようになりました。このような支援を続けていく中で、ダイゴさんは**「自分でわかって動ける」**姿や、**シンボルを使って「選んで伝えてくれる」**姿が増え、結果的に他害や自傷といった行動はほぼなくなっていきました。

その子が選べる環境が用意されているか、を見直そう。

23

失敗を恐れずに「まずは視覚的に伝える」ことが大切である

ダイゴさんの支援の続きのエピソードです。視覚支援によって落ち着いた生活ができるようになってきたからこその、とても印象的な出来事がありました。

顔色を変えてタブレットを指差す

ダイゴさんが高等部になり、寄宿舎での生活が始まったある日のことです。放課後4時頃、廊下をすごいスピードで走る足音が響きわたりました。続いて私の部屋の扉を、バーンと大きく開けて、ダイゴさんが飛び込むように入ってきました。寄宿舎の指導員も後からハアハア息を切らしながらついてきました。

この頃、ダイゴさんは他害行為などの行動上の問題がほとんどなくなっていました。しかし、その時はとても不機嫌そうな表情で、低い声で唸りながら入ってきたのです。何があったのかと、私も同じ部屋の教師たちも緊張しました。

すると、ダイゴさんは私の方を指差して何か熱心に訴え始めました。どうやら、私の机に置かれたタブレットを指差しているようでした。ちょうどその週から私の個別指導の時間に、自分の好きな画像でパズルを作ることができる新しいアプリを使い始めていました。そのアプリをとても楽しんでいたので「タブレットでパズルをやりたい」と言っているのだな、と私は考えました。

そこで私は、彼に隣に座ってもらい、紙に絵を描き「タブレット」は「明日」の「個別学習の時間」に「使う」ことを伝えました。簡単な絵ではありましたが、普段から使っているシンボルと同じようなデザインで描いたおかげか、彼はある程度理解してくれたようでした。私が描いた絵やタブレットを何度も交互に指差して、確認をしているような様子でした。しばらくすると、彼は静かにすっと立ち上がり、軽く頭を下げて私の部屋を出ていきました。もちろん大声も他害行為もありませんでした。

しばらくすると寄宿舎の指導員だけが戻ってきて状況を説明してくれました。

当時、ダイゴさんは自分専用のタブレットを保護者から買ってもらっていて、学校の休み時間中に一定時間好きな動画を見ることを許可されていました。しかし、当時の寄宿舎にはまだ無線ＬＡＮが通っていませんでした。その辺のスケジュール確認をしっかり行っていなかったため、寄宿舎の自由時間にも動画を見られると思い込んでいたダイゴさんは、次第にイライラしてきて、低い声で唸りながらタブレットを何度もタップしていたそうです。

指導員が「見えないね。使えないね。今日は我慢しよう」と一生懸命に声かけしても気持ちがおさまらず、指導員も「困ったなあ」と思っていた時、ダイゴさんがおもむろに立ち上がり、私の部屋に向かって走り出したと言うのです。

誤解はあっても、伝えることが大事

つまり私の、ダイゴさんが「タブレットでパズルをやりたい」と伝えていると思った解釈は全くの誤解だったのです。彼が私に訴えていたのは「動画が見られない」ことでした。私がなんとか伝えようとしたのは「タブレットは明日使うよ、今は使えないよ」だったのです。ダイゴさんは完全に納得していなかったかもしれませんが、私の描いたイラストから「今はタブレットは使えない」ということだけは理解してくれたのでしょう。

子供の気持ちを理解したいと思っていても、100パーセント読み取ることは困難です。正直、誤解してしまうこともあります。おそらく、この時ダイゴさんは、動画が見られない状況が理解できず、不安や苛立ちがあったのでしょう。彼はこの**「訳のわからない状況」を誰かに説明してもらいたかったのかも**しれません。そして、日頃の個別支援の繰り返しの中で、**絵を通じて理解しやすく状況を伝えてくれる**存在として私を思い出してくれたのかもしれません。

> コミュニケーションに誤解はつきもの。伝えようとする気持ちと手段が大切。

24

氷山モデルの実践的活用 ―「自分の気持ち」の自己理解は難しい

困っている子の「気持ちを知りたい」と願うのは当たり前のことです。しかし「気持ちを伝えてほしい」と願うのであれば、その子に合った手段を用意することを忘れてはなりません。

氷山モデルのコミュニケーションへの応用

「氷山モデル」はみなさんご存じだと思います。

もともとは、文化やコミュニケーションにおいて、表面に現れる人の行動や事象だけでなく、その裏にある存在する深層の要因や価値観を理解するための考え方です。

普段、私たちが見ているのは氷山の上の部分、すなわち表面の部分であり、子供たちが取る行動や言動にあたります。しかし、その下には目に見えない要因や背景が隠れているということです。

教育現場においては、支援を必要としている子の行動を理解するために、見える部分だけでなく、見えない部分も考える必要性を理解し、その上で対応を考えていく手段です。

このように多くの場合、**氷山モデルは支援者側が使用するもの**です。しかし、時には逆に子供たち自身に、**今この行動を取っている理由は何か？　どんな気持ちでそれをしているのか？を、伝えてもらうツール**にもなりえます。

「自分の気持ち」を客観的に捉えるのは難しい

自分の気持ちを捉えることは非常に難しいことです。

教師はしばしば子供たちに「あなたの気持ちを教えてほしい」と伝えます。特に、常識的には理解しがたいような不思議な行動を取る子がいる場合や、今取っている行動の理由を私たちが推測できない場合に、このようなことを子供たちに言いがちです。

しかし、実は子供にとっても、**目に見えない「自分の気持ち」を言語化することは難しい**ことです。私たちも理由もわからず不安になったり、イライラしたりすることはあります。たとえ自分の気持ちであっても、それを理解するのが難しいことはあるのです。

話し言葉でのやりとりが可能な子でも、語彙が豊富ではなかったり、物事を整理して話すことが苦手だったりすると、気持ちの説明が困難な場合は少なくありません。そのような子に言葉での「説明」を求めると、却って混乱や情緒的な不安定さにつながってしまうことがあります。

「手洗い」がやめられない

高等部1年生のジロウさんは、とても不安が強い子で、いわゆる強迫神経症の状態に陥っていました。彼は1日に何度も手を洗いに行きます。授業中でも気になると手を洗い始めます。その回数と時間がどんどん増え、日課に合わせて行動することが難しくなっていました。基本的な日常会話には問題がなく、理解も悪くありません。しかし「手を洗うのは休み時間だけにしましょう」とか「1日3回にしましょう」「3分洗ったらやめましょう」というような指示も、タイマーも通用しませんでした。

そもそもジロウさん自身も手洗いをやめたいと思っているのですが、どうにもならないのです。

担任はジロウさんと、どうしてそんなに手が気になるのか、汚れていると思う理由は何か、などを話し合いましたが、ジロウさんの説明は、話の筋道がなかなかまとまらず、話しているうちに不安定になってきて、大声を出したり机を叩いたりすることもありました。

「氷山モデル」で気持ちを表に出す

やはり、話し言葉だけでのやりとりは、自閉的傾向の強

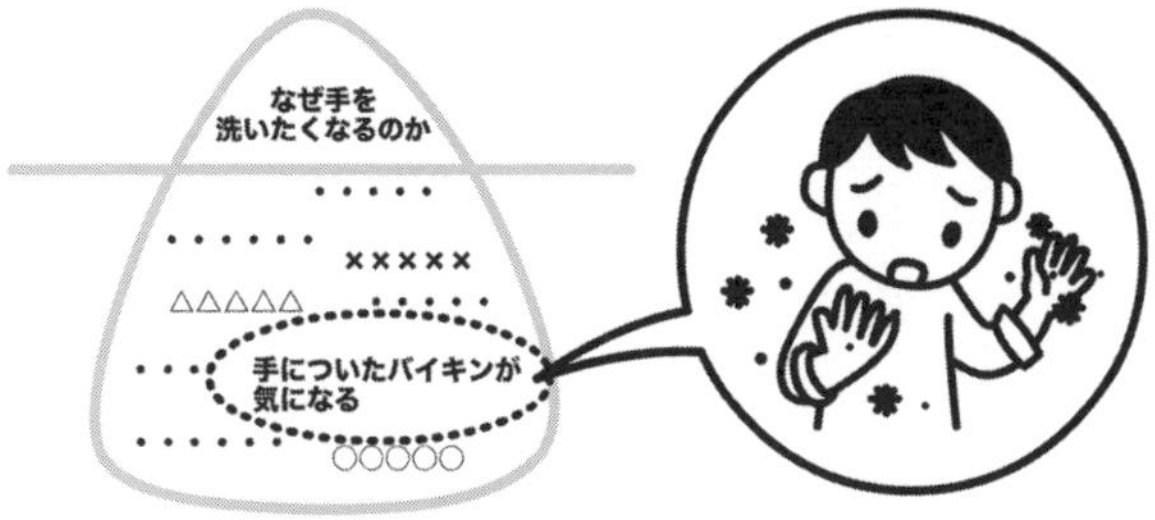

参考　「どうしてメモ」® おめめどう

い子にとって負担が大きいのではないかと考え、担任の教師とジロウさんに、「相談をする前にジロウさんの気持ちを氷山モデルで書いてみませんか」と提案しました。

氷山の見えている部分に「なぜ手を洗いたくなるのですか？」という質問を書きました。するとジロウさんはその理由をどんどん書き始めてくれました。氷山の下の部分には、本当にたくさんの理由がありました。

それを少し整理して、「手についたバイキンが気になる。1回洗ってもまだ汚い気がするんですね」と気持ちを共有しました。

次にもう1枚の氷山モデルの図に、「なぜバイキンがついたと思うのですか？」と書きました。

すると、ジロウさんは、これまでうまく話せなかったことを書いてくれました。

そこから、私たちにとっては少々意外なことがわかりました。そこに書かれていたのは、「人と話すと唾が飛ぶ」「唾が飛んだ机の上を手で触ると汚れる」ということでした。

これは普通の会話の中では全く出てこなかった情報です。

「そうか、机の上に唾が飛んで汚れるんだね」と言うと、ジロウさんはそうだと答えました。

「では机の方を綺麗にしたらどうだろう?」と提案すると、ジロウさんは目を輝かせました。

そこで、その日から授業の始まりと終わりに必ずアルコールのついたウェットティッシュで机の上を拭くことに決めました。そうすると机の上はもう綺麗になっていますから、ジロウさんの手に再度バイキンは移りません。

こうして**納得することができたおかげで、ジロウさんの気持ちと生活は、まさに憑き物が落ちたように安定**しました。

自分の気持ちも目に見えない。書いてみることで理解し合う手がかりになる。

25

視覚支援で子供を主役にする

ほとんどの学校で毎日行われる朝の会。せっかく毎日行われているのですから、子供たちにとって充実した学びの場にしたいものです。うまく環境を作れば、1年間で200回以上の「コミュニケーションの練習」の機会になります。

朝の会の視覚支援

視覚支援は、基本的に一人一人の子に合わせて調整していくことが大切です。しかし当然のことながら、1日の授業は、1人の子供だけを対象にするのではなく、複数の子、クラス全体で行うからこそ意味があるものもたくさんあります。

ほとんどのクラスで毎日行われている「朝の会」は、まさにその代表です。あるクラスを参観させてもらった時、手順表やスケジュール、そしてICTをうまく活用して、一人一人の成功体験を大切にしながらスムーズに進めている様子を見ることができました。

ナオキ先生のクラスには様々な障害や特性のある子供たちがいます。ダウン症で発話が不明瞭な子もいますし、自閉症で、基本的な会話はできても、見通しが持てないと不安になる子もいます。また、肢体不自由のあるユキさんは気管切開をしているので、声を出しての司会進行は困難です。このように多様な子供たちがいるクラスなので、それぞれが朝の会で役割を果たせるように、ナオキ先生は様々な工夫を凝らしました。まず、朝の会を行う際の基本的な準備はこんな感じになっています。

・黒板にはその月の月間予定表が貼ってあります。

・その日の予定は、朝の会で貼りながら確認するので、黒板の隣のホワイトボードに掲示します。

・朝の会を進行する際には、どの子も自分で進行している実感が持てるように、めくり式の進行表があります。毎朝繰り返すことなので、どの子もやり方がわかっています。めくり式の司会進行表は、司会者側の方には今しゃべることが書かれています。参加者から見ると、今何をやっているかがわかるように、シンボルが大きく描かれています。

過剰な代弁者にならないようにしよう

そしてナオキ先生は、ユキさん専用に司会用のタブレット端末を準備しました。そこにはＶＯＣＡのアプリが入っています。これを使うことで、ユキさんは司会進行や健康観察で友達の名前を呼んだりできるようになっています。ユキさんは腕の動きがスムーズではないので、進行表をめくるのは困難です。しかし、タブレット端末の画面が電子黒板に大きく表示されるようにしてあるので、めくり式の進行表と同じような情報提示ができます。

この朝の会を見ていて、私がとても感心したのは、ユキさんが、自分がしゃべった後（つまり、ＶＯＣＡのボタンを押した後）、友達がどう動くかを、とてもよく見ていることでした。多くの朝の会において、知的な遅れが大きかったり、肢体不自由があったりして、自分で操作が難しい場合に、教師が安易に身体的な介助をしすぎている様子をよく見ます。その結果子供たちは、まるで教師の操り人形のように動いているだけで、自分で状況を理解し、自分で動いているわけではないことがあります。

そのように**教師がその子のやるべきことを先回りしてやってしまうことは、一人一人の子が自分の役割を理解し、自分で行動できるように成長することを阻害します。**もちろん子供たちは、最初からすべてのことができるわけではありません。最初は身体的なガイドやプロンプトが必要なことも多いでしょう。しかし、教師はそこから少しずつ、計画的に手を引いていくということが大事なのです。

ユキさんのように、**運動機能や言語能力に大きな困難を抱えていても、視覚支援やツールを充実させ、自分でできる環境を提供することで、コミュニケーション能力を伸ばしていくことが可能**です。そのような環境づくりをした朝の会は、社会参加の基盤になります。

朝の会は社会参加のスタート。最適な練習場所。

26

伝えてもらうのは好きなことからにする

ここまで視覚的な手段を使ったコミュニケーション支援の実例を紹介してきました。みなさんがそれぞれの現場でコミュニケーション支援を進めていく際に、気をつけることを確認しておきましょう。

コミュニケーション場面の設定の大切さ

ユキさんの事例で紹介したように、ＶＯＣＡは、子供たちのコミュニケーションを豊かにするために有効なツールです。

ＶＯＣＡには大きく分けて、話したい言葉を文字で入力して発音させるタイプと、音声を録音して発音させるタイプの２種類があります。前者は文字の理解が必要ですが、自由に文章が作れて、臨機応変なコミュニケーションができる利点があります。知的な遅れがない肢体不自由の方や、事故や病気などで、後天的に発語が困難になった方が使う場合にはこちらが適しているでしょう。後者は主に知的な障害がある方に使われることが多く、ボタンが１つのシンプルなものから、複数のボタンがあるもの、物理的なボタンではなくタブレットにタッチして使うアプリなど、多岐にわたっています。

どの機種を選ぶか以上に、ＶＯＣＡの導入で大切にしなくてはいけないポイントがあります。知的な遅れのない方が使う場合は、本人に伝えたいメッセージがある、つまりコミュニケーションニーズがあることがほとんどです。ですから身体的な特性に合った操作方法さえ用意できれば、導入自体はあまり難しくありません。しかし**知的な遅れがある方や、他者とのコミュニケーション上の問題が大きい方の場合には、使い始める時の場面設定が**

重要になってきます。

適切なコミュニケーション方法を身につけていない子の中には、2章21で述べたように、他者の注意を引きつけることができない、もしくはその意味自体がわかっていない、という子も少なくありません。そういう段階にある子に、複数のボタンがあるVOCAを用意しても、適切に使うことはできません。ただ音が鳴ることだけを楽しむもので終わってしまい、飽きたらそれ以上使われることはないでしょう。

その子にとって使って楽しい場面を設定する

では、そのような他者とのやりとりをこれから学んでいくような段階の子に、VOCAを導入していくには、最初にどんな言葉を入れるのがよいのでしょうか?

意外にやってしまいがちなのは、教師や保護者側の願いを優先してしまい、その子が今必要としているメッセージは何か、ということの検討がおろそかになってしまうことです。

実際「VOCAを導入したけど、うまく使えません」という相談を受けて、使用しているVOCAを見せてもらったら、そこには、

「トイレに行ってきます」

「(課題や作業が) できました」

などの報告の言葉しか入っていなかった、ということがありました。

もちろん最初からそれらの言葉をうまく使える子もいるでしょう。しかしほとんどの場合、本人にとって必要感のないメッセージは入れても使ってはくれません。

では、最初に入れるべきメッセージはなんなのでしょう? それを考える時に大切なのは、どんな場面で使い始めるか、です。子供たちが楽しい場面の中で、好きなものを要求できるようにするのです。例えばおやつの場面を設定して、そこで食べたいお菓子を要求する、飲みたいジュースを要求する、というようにすることで、VOCAの導入はスムーズに進むでしょう。他にも**読んでほしい本の題名や、遊びたいおもちゃの名前や遊具など、楽しい場面をスタートにする**といろいろなアイデアが浮かぶはずです。

最初の言葉はシンプルに。その子が必要とする言葉からスタートする。

27

今の力ですぐにできるVOCAを使う

VOCAがあっても、うまく操作できない子がいます。運動面や認知面の問題かもしれませんが、そもそもその子の今の力に合っていないのではないでしょうか。それを支援者が手助けして使わせているだけではないでしょうか。

今の力でできる方法を考える

発語が困難な肢体不自由の子にＶＯＣＡを使ってもらう時にとても大切なのは、その子が最も無理なく動かせる身体部位を使ってＶＯＣＡを操作できるようにすることです。ＶＯＣＡは必ずしも手で操作しなくてはならないわけではありません。手指は緊張が強く、足の方が思ったように動かせる、という子には足先にＶＯＣＡを設置することがあります。少しだけ顔を動かせるので、頬でＶＯＣＡを押す、という子もいます。指先がほんの少ししか動かず、通常のＶＯＣＡのスイッチを押す力がない子には、ＶＯＣＡにさらに外部スイッチを接続して、その子が今持っている力で押せるようにすることもあります。２章21のＡＡＣの項目で触れたように、**コミュニケーションで大切なのは「手段にこだわらず、その人に残された能力とテクノロジーの力で自分の意志を相手に伝えること」**です。ですから現在持っている力（それは運動面だけでなく認知面も同様です）では使えず、なんらかの訓練や練習をしないと使えない機器を使うことは、避けるべきです。

以前、私が勤務していた特別支援学校ではいわゆるガチャガチャのカプセルの中に、センサーと接続したボイスメモ基板を入れて、転がすとしゃべるＶＯＣＡを作ったＳ先生という方がいました。これを転がすと「先生ちょっと来てー！」という音声が再生されます。

S先生が「はいはい～！」と反応すると、子供たちは大喜びでした。

日頃、自分からアクションを起こすことが難しい子にとって、他者に関わっていく楽しさを知るきっかけになります。このVOCAにどんな音声を入れると子供が喜ぶか、という簡単なワークショップをやった時には「いててて！」とか「目が回る～」などのVOCA自身の気持ちを入れた人もいました。これも実際にやってみると子供たちに大受けでした。

お手伝いは厳禁

カプセルを離す、という動きが難しいため転がせない子には、VOCAをビニール袋に入れて振ってもらいました。その子はこの方法で学校祭の開会宣言という大役を果たしました。緊張が強い子が、なかなかVOCAのスイッチが押せず苦労している姿を見守るのは、辛いことであるのは事実です。でも、そこで教師が（よかれと思っても）代わりに押してしまったら、その子の成長はありません。

緊張が強く、スイッチを押すことが難しい子に練習させたり、代わりにやってあげてしまったりするのではなく、転がす、振る、という「今できる方法」でVOCAを使えるようにすること。それによってコミュニケーションができるようにすること。それを考えることが、支援者の大事な仕事です。そうすることで、1つのメッセージしか再生できないシンプルなVOCAも、子供たちの発達を助ける大きな力になるのです。2章25の朝の会の例で述べたように、VOCAとシンボルを組み合わせることで、さらに可能性は広がります。発語が困難な子が朝の会の司会をやる時、隣に座った教師が全部セリフを言って進めてしまっているというような残念な光景を、いまだによく見ます。「話し言葉がない」ということは「司会ができない」とイコールではないのです。その子が今持っている「ボタンを順番に押す」という力があれば、大事な役割を果たすことができるのです。そこで得た達成感や満足感は「友達の反応を見て、次のボタンを押す」という別の力につながるかもしれません。さらには「シンボルを押すことで要求をする」「シンボルの中から今の気持ちを選択して表現する」といったより豊かなコミュニケーションにつながる可能性があるのです。

その子が「今持っている」力だけで「できる」ようにする。お手伝いしすぎは厳禁。

28 携帯ホワイトボードで「書くコミュニケーション」をクセにする

みなさん、毎日ホワイトボードを持ち歩いていますか？

何を言っているのだと思われるかもしれませんが、私は現場にいた頃、ほぼ毎日小さなホワイトボードを持ち歩いていました。そのきっかけは、前の事例で紹介したハルカさんです。

ホワイトボードを持ち歩く利点

私が毎日小さなホワイトボードを持ち歩くようになったきっかけは、2章13で紹介したハルカさんです。小学部低学年の頃の彼女は、非常に不安定になりやすく、教室から飛び出したり、パニックを起こしたり、という姿をよく見ていました。しかし、高学年になった頃から、彼女の行動がみるみる変わっていく様子を目の当たりにして、驚きました。高学年で彼女の担任になった教師は、自閉症の子の支援にとても長けた人で、視覚支援を丁寧にやってくれたのです。スケジュールをシンボルで示すこと、今日の給食のメニューをイラストを使って予告すること、活動の時間の目安をタイムタイマーで伝えること、など。彼女のパニックが減っただけではなく、やがて字が書けるようになった彼女は、スケジュールを自分で小さなホワイトボードに書いて確認する、という手段を身につけたことは、紹介した通りです。視覚支援は自閉症の子の支援の基本とは言いますが、それにしても劇的な変化に、改めて基本的な支援を丁寧に行うことの大切さを学びました。

視覚支援のよさは「消えずに残ること」であるとよく言われます。でも、当然のことながら生活していれば、どうしても急な変更が必要になることもあります。そんな時はとっさに視覚的な手段で情報を提示してあげることが大切です。それがわかっていても、私たちはどうしても、話し言葉に頼りがちです。話して伝えるだけでなく、絵で描いて伝えることを日常的に心がけないといけません。そのためには、**常に「書くもの」を手元に置いておくことが大切**です。小さな**ホワイトボードは、サッと書いて、その場で視覚的に伝えるのには、最適な手段**です。

ホワイトボードを持ち歩くと、書いて伝える・描いて伝えることが楽しくなってきます。見通しが持てなくて困っている子には「今やること」と「次にやること」を書いて、矢印でつなぎます。すると、やるべき順番がわかって動き出せる子もいます。教師たちの手が足りないとか、集団に入れないなどの理由で、急に自閉症の子供の支援に入ることになった時には、スケジュールをサササッと書いて伝えることで、スムーズに行動できました。

そんな日々を過ごすうちに、ホワイトボードは非常に活用の幅が広いことに気づきました。いくつか紹介します。

その1：表情を描いてコミュニケーション

元気がない子、不調そうな子には、その日の気分を「描きながら」伝えてもらう遊びでコミュニケーションを取りました。ホワイトボードに○を描いて、そこに目や口を描き加えて、いろいろな気分を表現します。最初はニコニコ顔を作って、こちらの気分を伝えます。口だけへの字にして、ちょっと表情を変えてみると、子供も面白がって自分の気分を描いてくれます。

その2：三目並べは意外に難しい

三目並べは簡単なゲームと思われがちですが、知的な遅れがある子には、実はなかなか難しいゲームです。授業を始める前や合間の時間に、ホワイトボードに3×3のマスをサッと書き込み、そこで三目並べをやりました。そもそものルールが理解できないのか、注意すべき点がわからないのか、などなど、その子の実態を捉えるのにも役立ちます。

まだまだ他にもいろいろな活用をしました。タイトルだけ並べるので、想像力を膨らませて、ぜひ実践のヒントにしてください。「ウルトラ怪獣10秒描き勝負」「即席タイムタイマー」「超すごいスマホ」「最後だけ変えると意味が変わる言葉」…いかがですか？

書くものを常に持ち歩くことで、書いて伝えることが自然にできるようになる。

29

選択性緘黙の子と
メモ帳でおしゃべりする

言いたいことや伝えたい気持ちがしっかりあるのに、その場でそれを伝えることが難しい子たち。内面の言葉を外に出して伝えてもらうために、まず「選ぶ」ということから始めてみるのはどうでしょうか。

視覚支援の応用範囲は広い

第1章で述べたように、視覚支援は自閉症の子供たちだけでなく、知的障害を持つ子供たちや一般の人々にも有用な支援方法です。視覚支援の手法を理解することで、障害種だけでなく障害の有無さえも超えて、多くの人にとって利益をもたらすことがわかり、その応用範囲が広がっていきます。

視覚支援は、音声言語と異なり、情報が目で見て理解できる形で残ります。そのため、リアルタイムのやりとりに依存せず、個人の好きなタイミングで情報を得たり発信したりできます。この利点は、選択性緘黙の子供たちとのコミュニケーションにも役立ちます。

選択性緘黙の子に選んでもらう

私にこの可能性を気づかせてくれたのは、中学部の生徒だったサヤカさんでした。彼女は中学生レベルの読み書きの力があり、漫画やアニメ、音楽などのエンターテインメントを楽しんでいました。家族との関係も良好で、家では話し言葉で問題なくコミュニケーションが取れていました。また、特別支援学校への進学後も、地域の中学校の友達との関係は続いていて、メールで頻繁にやりとりしていました。しかし一歩家を出ると、話し言葉によるリアルタイムでのやりとりは困難でした。簡単な質問でも、それに対してその場で即座に言葉で答えることはもちろん、表情や身振り手振りを含めて、なんらかの形で意思表示をすることは難しい状態でした。そんな彼女ですが、家族とのやりとりの内容を伺うと、しっかりした自分の考えを持っていることはわかっています。そこで彼女にその場で意思表示をしてもらう手段として、コミュニケーションのためにメモ帳を使うことを提案しました。担任の教師たちも、サヤカさんとのコミュニケーションが可能になるのであれば、と取り入れてくれました。

何か活動に取り組む際には、まず選択肢をその場でメモ帳に書いて、彼女に選んでもらうことにしました。その場で文字を書いて気持ちを伝えることには抵抗があるサヤカさんでしたが、用意された選択肢から選んでマークをつけることは、抵抗なく受け入れてくれました。

やりたくない、休みたい、という気持ちも大切

この方法でのやりとりがクラスの中で定着してくると、担任から「サヤカさんが選択に困っていることが時々ある。それは、こちらが用意した選択肢の中に彼女が望むものが含

まれていない時だ」という話が出てきました。

そこで担任は選択肢の中に「その他」という項目を加え、それを選んだ時には、彼女に希望する活動を書き込んでもらうようにしました。こうすることでサヤカさんは、休みたい、とか何もしたくない、といった気持ちも徐々に伝えてくれるようになりました。ネガティブな気持ちも伝えてよいのだ、ということが安心感につながったのでしょうか。最終的には教師側が選択肢を書き込まなくても、自分からメモ帳に書いて伝えてくれるようになりました。

メモ帳は常に手に取りやすい場所に置かれ、自由に使えるようになっていました。時々担任とメモ帳でおしゃべりをする時間というのを設け、いろいろな会話を楽しむようになりました。これにより、声は出さなくても、サヤカさんと周囲の人たちとのコミュニケーションはとても親密になりました。


気持ちを伝えるのが難しい時は、まず、選んでもらう。

30 視覚支援とコミュニケーション支援のためのシンボルライブラリー「ドロップス」を活用する

章の最後に、視覚支援の実践で、ぜひ使っていただきたいツールの代表として、シンボルライブラリー「ドロップス」を紹介します。現在、日本中で使われている「ドロップス」をぜひ支援に取り入れてください。

ドロップスとは

ドロップス（Drops ＝ The Dynamic and Resizable Open Picture Symbols）は、主に自閉症や知的障害の子のための視覚支援や、発語のない方のコミュニケーションのために開発されたシンボルライブラリーです。２００７年からウェブサイトを通じて公開し、現在では教育の場だけでなく、福祉や医療の現場にも広がり、対象も特定の障害種や年齢層に限らず幅広く活用されています。シンボルのデータは数冊の書籍にまとめられたり、スマートフォンやタブレット用のアプリにも組み込まれたりしているので、入手が容易です。学校からのおたよりの挿絵や、プレゼンのワンポイントとしても活用されており、多くの方にとって見慣れた存在になっています。

ドロップスの特長

ドロップスは開発当初から、データの複製、印刷、二次配布

を原則的に自由としています。

これは、学校での教材作成に気軽に活用してもらうためです。２０００語以上の語彙数があるので、様々な用途に対応できると思います。特に学校関連の語彙は大変充実しています。

また、教材に使うためには加工が簡単なことが大切です。そのためドロップスは画像の一部を切り抜きやすいように、しっかりした輪郭線がありますし、背景透過データも提供しています。またデータ自体が高解像度なので、大きなサイズでの表示や印刷にも適しています。

ドロップスをフル活用できるアプリ

ドロップレット・プロジェクトが開発したアイパッド用アプリを２つ紹介します。

どちらにもドロップスの語彙がすべて搭載されています。

「DropTap」は、コミュニケーションのためのＶＯＣＡアプリ

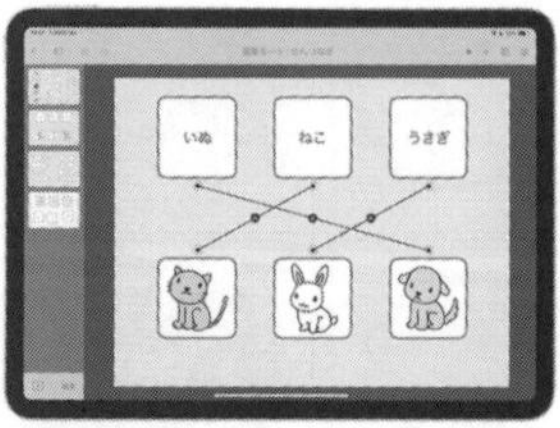

です。スケジュール提示機能もあるので、様々な支援場面で活用できます。

GIGAスクール端末として自治体が導入したアイパッドには無料提供しているので、2024年3月現在、80万台以上にインストールされています。DropTapには、必要なドロップスを簡単に見つけ出せる検索機能や、コピー&ペーストで他のアプリに簡単にシンボルを貼り付けられる機能もあるので、視覚支援教材を作成する時に、役立つ道具になると思います。

「DropKit」は教材作成専用アプリです。特別支援教育の現場でよく使われる「マッチング」や「線つなぎ」「パズル」などの課題を、簡単に作成できます。対象の子に合わせて、課題の難易度や量を簡単に調整できるように工夫されていますので、すぐに支援に取り入れることができます。


ドロップスや対応アプリを活用すれば、視覚支援の導入と継続が簡単になる。

第3章

教室の外にあふれる「視覚支援」

31 視覚支援はずっと続けないといけないのか？という質問に答える

私はそういう質問には「砂漠で喉の渇きで苦しんでいる人に、水をあげたらゴクゴク飲んで、一息ついたとしますね。渇きがおさまったからといって、また砂漠に放り出していいんですか？」という例え話をします。

視覚支援はずっと続けないといけないのですか？

視覚支援を導入することで、生活や学習がスムーズにできるようになると、

「視覚支援はいつまでやらなければならないのですか？」

「視覚支援は徐々に減らしていった方がよいのではないですか？」

といった質問や意見を受けることがあります。


さらには、「卒業後、進路先で視覚支援を減らしていってうまくいった事例を教えてください」と、最終的には視覚支援をやめることがゴールであるような質問を受けたこともあります。

まだまだ教師や支援者の中で、視覚支援は可能であれば使わなくてすむ方がよく、仕方なく行っている支援だという意識が強いのかもしれません。

本当の力とは

そのような考え方が根本にあるせいか、物理的な構造化やスケジュールを使うことで、子供が見通しを持って生活できるようになった途端に、教師がパーティションやスケジュールを取り除いてしまうことがあります。

せっかくできるようになったのに、なぜ取り除いてしまうのか、と問うと、「落ち着いて生活できるようになったから、もういらないと思ったんですよ」と言われることがあります。

「うまくいっているからと言って、その支援をやめてはいけないんです」。そう、伝えると

「え？　じゃあ、延々と視覚支援を続けないといけないのですか？」とか

「やっぱり本当の力はついていなかったんですね」

などと皮肉まじりに言われることもあります。

メガネをかけて本を読んでいる人に、いつかメガネなしに読めるといいですね、と言う人はいないのに、なぜか「視覚支援を活用しながら生活する」ことを受け入れられない人はいるようです。

そもそも本当の力とはなんでしょう？　メガネなしで読めないことが本当に「読んでいる」ことにならないのでしょうか？　そんなの変ですよね。

自分にとって必要な支援をうまく活用しながら生活することは、大切な生きる力のはずです。

視覚支援のモードを変えていく

基本的には、視覚支援をなくしていくべきではないというのが私の意見です。しかし、卒業後は、これまでの視覚支援を継続してもらうことが難しい進路先があるのも事実です。そんな場合に備えて、支援者があまり視覚支援に慣れていなくても、やりやすい手段に徐々に変えていく、という方法は考えてもよいでしょう。

子供たちの理解力が高まっていくのに合わせて、情報をより抽象度が高いものに変えていく方法があります。最初は写真を使い、次にイラストを使い、次にイラストの横に文字を添えるようにし、最終的には文字だけにする、というやり方です。進路先を見据えながら、学校生活の中で徐々にこういった移行が行えるとよいでしょう。

視覚支援を減らしたり、なくしたりするのではなく、置き換える。

32

「卒業後、視覚支援はしてもらえない」は間違っている

行動経済学という言葉を聞いたことがあるでしょうか？　特別支援教育に経済学なんて関係ないように思えますが、実は行動経済学の知見には、視覚支援と大きな、そして大事な共通点があるのです。

卒業後は視覚支援がないから、は理由になるのか

前項で述べたように、学校現場では、いまだに視覚支援に対する理解が十分であるとは言えません。子供たちにわかりやすい環境を提供せず、困ったり混乱したりするのを放置している教師は、なぜ視覚支援をやろうとしないのでしょう？　多くの場合、そういう教師は、「卒業したら視覚支援はしてもらえないから」と言います。

確かに卒業後の進路先では、視覚支援を提供してもらえない例もあります。しかし、**将来の不確かな状況を言い訳にして、今の状況を改善しないのは、おかしな話**です。目の前の子が困っているのを放置する理由にはなりません。

それにそもそも、本当に、将来は視覚支援はないのでしょうか？

男子トイレの視覚支援

次の文章を読んで、あなたはどう感じるでしょうか。

> 空港のどの小便器にも、「黒いハエの絵」が描かれている。男というものは、用を足すときにはどうも注意が散漫になるようで、周囲を少しばかり汚してしまいがちだ

が、目標があると注意力がぐっと上がり、精度も格段に高まる。発案した人の話では、このアイデアはめざましい成果をあげているという。
「これがあると狙いが定めやすくなります。男はハエを見つけると、それを狙いたくなるものなのです」
（リチャード・セイラー、キャス・サンスティーン著　遠藤真美訳『ＮＵＤＧＥ　実践　行動経済学　完全版』日経ＢＰ　p.26）

男性の多くはこの文章を読んで、そういえば「的」が描かれた小便器をよく見かけるようになったなあ、と思うのではないでしょうか。（この本の著者によると「本書の２００８年版（リチャード・セイラーほか著　遠藤真美訳『実践　行動経済学』日経ＢＰ）でこの例を紹介してから、世界中の空港でハエマークを目にするようになった」とのことです。）そして、なんと見事な社会全体に役立つ視覚支援の例なんだろう！とも思いませんでしたか？

しかし、これは特別支援教育の本に書かれている文章ではありません。「行動経済学」という分野の本に書かれている一節なのです。行動経済学では、このハエの絵のように、人々がよりよい行動を取れるように、さりげなく促すことを「ナッジ」と言います。ナッジは、大きな規制や命令ではなく、人々がよりよい選択をするように、微妙に方向づけることを指します。ナッジの考え方と特別支援教育における視覚支援には、大きな共通点があることはこの例でおわかりですね。両方とも、よりよい選択や行動を促すために、環境を調整するというアイデアに基づいているのです。この本では他にも、例えば学校の給食で、野菜を目につきやすい場所に置いておくことで、子供たちが野菜をもっと食べるように促す例が紹介されています。このナッジは、子供たちに野菜を食べさせようと強制したり、野菜以外の食べ物を禁止したりするのではなく、自然と野菜を選びやすくするための環境調整です。

行動経済学の考え方は現在、教育はもちろんのこと、ビジネスや医療にも広く応用されて大きな効果をあげています。**視覚支援や構造化が社会にない、なんて言いきるのはそれこそ「世間知らず」**なのではないでしょうか。

すでに社会は視覚支援をうまく使って、人々のよい行動をさりげなく後押ししている。

33

教師には、視覚支援を広める義務がある

「今」を大切に適切な視覚支援を行っている教師たちに対して、「将来」という言葉を振りかざして何もしない教師もいます。自分のやるべきことをやるだけでなく、時にはその「やらない人」を説得する必要もあります。

視覚支援に対する無理解は、特別支援教育の基本を脅かす

ここまで述べたように、社会では現在、視覚支援という言葉自体は使っていなくても、人々が活動しやすく、よりよい行動を選択できることを目指すという意味で、同様のアプローチが受け入れられ、効果が認知されています。少なくとも「社会に出たら視覚支援はないから、やらない」と言いきることは、間違いです。あえて言うなら、その発言は特別支援教育の基本を脅かす危険性があります。

ですから、視覚支援の効果や普遍性を知ったあなたは「社会に出たら視覚支援はないから、やらない」という言葉に対して、ある意味毅然と反論できる術を身につけておく必要があります。誤謬を元に間違った支援を続ける同僚教師や組織に飲み込まれてはいけないのです。

問題点を明らかにする

では「社会に出たら視覚支援はないから、やらない」という考え方の、問題点をあげていきましょう。

・発達の基礎を無視している

子供の学びと発達には段階があります。発達に障害がある子供たちにとって、視覚支援のような具体的なツールは、情報を理解し、記憶し、適用するための重要な基盤を提供しています。将来、万が一に視覚支援が提供されない場合でも、そもそも教育の初期段階での視覚支援は、子供たちが情報を処理し、学習する方法自体を学ぶのに役立ちます。

・個々のニーズを無視している

そもそも教育は個々の子供のニーズに応じて調整されるものです。特に特別支援教育では一人一人の能力、その弱みや強みを生かしながら、個々の学習スタイルに合わせて教材や指導方法をカスタマイズすることが求められます。視覚支援はその個々に合わせる基本的な手立ての1つで、ある意味最も簡単に導入できる手段です。将来的に視覚支援がないからと言って、現在その支援を必要としている子供にそれを提供しないのは、その子の学習機会自体を奪うことになり、端的に言って人権侵害です。

・移行の視点が欠如している

特別支援教育では、子供が進級や進学など、次の段階へと移行する際には、新しい環境に適応するための移行の支援が必要です。もし段階的な支援の減少が必要であったとしても、視覚支援を即座に取り除くことは、子供にとって不必要なストレスを引き起こし、学習環境への適応を困難にします。

学校教育の目的の1つは、子供が環境に適応できるスキルを身につけることです。事例の中でも述べたように、環境の変化があっても、視覚的な情報を得ることで、それに適応できるようになるのは、そもそもそれ以前の段階で、視覚的な情報をどのように活用し、行動すればよいかを学んでいるからです。その基盤があってこそ、将来的な環境の変化に耐えうる力がつくのです。

このように、学校での視覚支援を提供しないという発言は、教育的な観点から多くの問題を含んでいるのです。決して引いてはいけません。

視覚支援でつけたスキルは、将来、様々な環境や状況で子供たちを支えてくれる。

34

卒業後も使えるように家庭と連携する

視覚支援ツールを自分自身で使いこなせるようになると、子供たちの生活はとても豊かになります。特にデジタルツールの活用を学校から家庭へとつなげていくと、それは社会につながっていく基礎力になります。

家庭に構造化と視覚支援を引き継ぐ

2章13で紹介したハルカさんのその後のお話です。ハルカさんが卒業後に通う予定の事業所での実習が続いていたある日、お母さんから相談の電話がありました。

「アイポッド・タッチを毎日実習先に持っていくのですが、家に帰ってから充電を忘れることがあります。朝、バッテリーが少ないことに気づいて慌ててイライラしたり、実習先でバッテリーが切れて予定が確認できなくなったりして困ることがあるんです」

お母さんはハルカさんが充電を忘れないように、いつも充電ケーブルを差し込むよう声かけで指示はしているのですが、習慣づかないようです。

家庭からこのような相談を受けることは時々ありますが、私はこういう時がチャンスだと思っています。というのは、視覚支援を学校で進めていても、それと同じことを家庭でやってもらうのはなかなか難しいことが多いからです。

お家から困っているというSOSをもらうことは、学校でうまくいっている支援を家庭にも取り入れてもらうよい機会になります。それは最終的には社会に出てからも役立つ習慣づくりにつなげられるからです。

家庭内のトランジション・エリア

ハルカさんがいつもどこで充電するか、お母さんに確認しました。すると特に決まった場所はなく、その時に空いているコンセントを使っているそうです。それではということで、これを機会にハルカさん専用の充電スペースを設けることを提案しました。

ハルカさんが帰宅したらすぐに充電できるよう、リビングの一角に専用の充電スタンドを用意しました。また、カバン、財布、ハンカチ、水筒など毎日の持ち物の置き場所をそこに集約しました。家族での外出の予定などが書かれた月のカレンダーや、その週の実習先の仕事などなど必要な視覚支援も壁にまとめて貼りました。ハルカさんは朝その場所へ行き、1日の予定を確認しながらアイポッド・タッチに予定を入力できるようになりました。帰宅後は、荷物を整理し、アイポッド・タッチを充電器に接続する習慣がすんなり身につきました。

このようなスケジュール確認の場や、活動の中継地点を、自閉症の子への支援では「トランジション・エリア」と言います。学校でも家庭でもその子のトランジション・エリアがあると、合間合間にそこで予定を見直したりすることで、スムーズに次の活動に移行できるようになります。

卒業後もつながり続けるためのツールに

2章25でお話ししたユキさんはその後、LINEを使って担任の教師とコミュニケーションを取るようになりました。対面やリアルタイムでのやりとりが困難なユキさんのような子でも、LINEのような手段を使うことで、自分のペースでいろいろな思いを伝えることができるようになりました。彼女の卒業後は、私もLINEで時々連絡を取り合っています。最近では、成人式の素敵な着物姿の写真を送ってくれました。

このように**テクノロジーを使うことで、社会に出てからも人とつながる手段を得ることができます。**文字や画像を使ったコミュニケーションは、直接の会話以上に一般的になり、絵文字は新しい形のシンボル・コミュニケーションとして受け入れられています。視覚的な手段によるコミュニケーションは、障害のある人だけでなく、すべての人々の心をつなぐインフラになっていると言えます。**社会に出たら視覚支援がない…そんなわけがありません。**

視覚支援はすでにコミュニケーションの代表的手段。

35

視覚支援の未来を想像してみよう

社会に出ると視覚支援はないどころか、すでに様々な研究が、視覚支援の必要性と重要性を明らかにし、社会そのものが変わりつつあります。そして視覚支援に役立つテクノロジーも今後さらに発展するでしょう。

テクノロジーの発展がコミュニケーションのあり方を変える

この原稿を書いている2023年末、驚くようなニュースが飛び込んできました。選択性緘黙の子がAIを駆使して、他者とのコミュニケーションをスムーズに行えるアプリを開発したと言うのです。相手の言葉を解析し、自動で選択肢を生成し、それを選ぶことで円滑にコミュニケーションを行うものだということです。AIが社会に浸透し始め、特に生成AIの飛躍的な発展が日々報じられる毎日ですが、子供が自らの問題解決手段として、積極的にAIを活用する日がこんなに早く来るとは、思っていませんでした。私が大学時代にAACの研究を始めた時には、パソコンを用いた情報提示が最先端でした。しかし、これらの技術が進化し、安価なパソコン、タブレット、スマートフォンへと発展し、高度な支援機器が身近になり、人々の生活を豊かにしてきました。

今後、AIを含む先進的なテクノロジーがより大きな役割を担い、視覚支援の分野でも、さらに大きな効果をあげていくことが期待できます。

タブレットやスマートフォンの次に来るもの

長年にわたって支援技術に関する研究と実践を続けてきましたが、私にはその間ずっと夢見てきた未来のデバイスの姿があり、講演会などでは何度も繰り返し述べてきました。

それは非常にシンプルなビジョンで、タブレットのようなデバイスが進化し、最終的には紙のように薄くなる、というものです。私はこれを「アシスティブ・ペーパー」または「コミュニケーション・ペーパー」や「コンテクスト・ペーパー」と呼んでいます。

このデバイスは、コピー用紙のように薄く、安価で、扱いやすいものです。A4サイズが一般的に使われるでしょうが、用途に合わせてA3サイズのものもあり、折りたたんで小さくしたりすることも可能です。現在のタブレットと同等かそれ以上の画面表示機能や、カメラ、マイク、スピーカーといった入出力を持っています。このデバイスの最大の特徴は個人が所有するものではない、ということです。高機能で貴重だからみんなが共有する、ということではありません。その逆で、新聞紙やコピー用紙を自分の所有物としてこだわる人がいないように、誰でも自由に使える消耗品なのです。アシスティブ・ペーパーは、近づいた人を生体認証で識別します。ペーパーに触れると、自動的にその人に合わせた情報を提供します。知的な障害があって、通常の文字情報や音声の理解が難しい場合は、ニュースをやさしい表現やイラストで表示します。視覚障害があれば読み上げを行います。使っていた人が離れると自動で表示が消え、新たに近づいた人には、その人に必要な情報を表示します。これは、リビングのテーブルに置かれた新聞を家族が順に手にする感覚に似ています。誰もがそれを自分専用だとは思わず、必要な時に読み、書き込みをすることもできます。ペンで書くと、自動的に罫線やマス目が表示され、書かれた内容はクラウドにアップロードされ、別の場所で表示することが可能になります。学校に行く時間が近づけばリマインドし、準備の手順表が必要ならそれを表示します。時間や場所に応じて必要な情報を提示する機能が一体化しているのです。カバンに入れて学校に持っていけば、教室ではＶＯＣＡのアプリが立ち上がり、会話ができます。もちろん持っていかなくても、教室には同じものが何枚もあります。

夢物語のように感じるでしょうか？　でも、学生の頃から障害者とテクノロジーについて考え、開発し、実践してきた私には、この30年の技術の発展はこの夢に近づいていく過程だったようにさえ感じられます。そして事実、この「アシスティブ・ペーパー」を実現する各技術はすでにほぼ完成していると言ってよいと思います。

視覚支援とコミュニケーションの豊かな未来を想像しながら日々の支援をしよう。

おわりに

忘れられない言葉があります。30代はじめ、ある程度ＡＡＣや特別支援教育がわかった「つもり」になっていた時期です。卒業後も参加していた大学のゼミで、発語のない自閉症児の指導について議論をしていた時、なかなか成果の出ないケースに対して、自分は迂闊にも「高等部卒業間近なこの時期では、ここからの成長は期待できないのではないか」という趣旨の発言をしました。それに対して、ゲスト参加していた他大学の教授・Ｈ先生が穏やかな口調でこう言いました。「青木さんはそんなつもりで支援しているのですか。自分はたとえその人が何歳であっても、その人なりの成長を信じて関わっていますよ」と。

本書の構成がほぼ出来上がった頃、２章22で紹介したダイゴさんのお父さんからメールをいただきました。「最近息子の発語が急に増えてきた。まだ言葉が伸びる可能性があるなら、どうやって教えていけばよいのかアドバイスが欲しい」という内容でした。Ｈ先生の言葉が蘇ってきました。再会したダイゴさんは、最後に会った5年前よりも発語が増えていました。「こんにちは」と挨拶してくれたり、物の名前をどんどん言ってくれたり。お父さんが私を指差して「誰だっけ?」と聞くと「青木先生」と言ってくれました。もちろん自発的に会話ができる、というのとは違います。しかし、単語で食べたいものを要求したり、好き嫌いを言ってくれたりするようになり、家族とのコミュニケーションはとても豊かになったとのことです。何よりダイゴさんの表情は、あの頃よりずっと穏やかでした。

大学時代に「音声言語の代替」として研究を始めたシンボル言語が、視覚支援という領域での活用にも広がり、気がつけば多くのツールを開発し、実践を続けてきました。その過程で視覚支援とは、他者に苦手な手段を強制せず、お互いにとってよりよいコミュニケーションを生み出そうとする、知的で理性的な姿勢そのものであると考えるようになりました。

この豊かな研究領域に出合わせてくれた恩師小島哲也先生に、本書を捧げたいと思います（もちろん「青木が書いた雑文になんか興味はないよ」とおっしゃることでしょうが）。そして誰よりも、素晴らしいイラストで本書に花を添えてくれた、自分の最大の理解者、ドロップレット・プロジェクトの画伯こと竹内奏子さんに心から感謝を捧げます。

著者　青木　高光

参考文献

・自閉症児のための絵で見る構造化　ＴＥＡＣＣＨビジュアル図鑑（学研）
佐々木正美　監修・指導・文　宮原一郎　画
・自閉症の治療教育プログラム（ぶどう社）
Ｅ・ショプラー、Ｊ・Ｇ・オーリー、Ｍ・Ｄ・ランシング　著　佐々木正美、大井英子、青山均　訳
・自閉症への親の支援　ＴＥＡＣＣＨ入門（黎明書房）
Ｅ・ショプラー　編著　田川元康　監訳　梅永雄二、新澤伸子、安倍陽子、中山清司　訳
・自閉症児のためのＴＥＡＣＣＨハンドブック　改訂新版　自閉症療育ハンドブック（学研）
佐々木正美　著
・講座　自閉症療育ハンドブック　ＴＥＡＣＣＨプログラムに学ぶ（学研）
佐々木正美　著
・自閉症児のための活動スケジュール（二瓶社）
リン・Ｅ・マクラナハン、パトリシア・Ｊ・クランツ　著　園山繁樹　監訳

・ＴＥＡＣＣＨとは何か　自閉症スペクトラム障害の人へのトータル・アプローチ（エンパワメント研究所）
ゲーリー・メジボフ、ビクトリア・シェア、エリック・ショプラー　編著　服巻智子、服巻繁　訳
・見える形でわかりやすく　ＴＥＡＣＣＨにおける視覚的構造化と自立課題（エンパワメント研究所）
ノースカロライナ大学医学部精神科ＴＥＡＣＣＨ部　編　今本繁　訳　服巻智子　協力
・数学の学び方・教え方（岩波書店）
遠山啓　著
・ＡＡＣ入門　コミュニケーションに困難を抱える人とのコミュニケーションの技法（atacLab）
中邑賢龍　著
・言語聴覚士のためのＡＡＣ入門（協同医書出版社）
知念洋美　編著
・自閉症児と絵カードでコミュニケーション　ＰＥＣＳとＡＡＣ　第2版（二瓶社）
アンディ・ボンディ、ロリ・フロスト　著　園山繁樹、竹内康二、門眞一郎　訳
・自閉スペクトラム症のある子の「できる」をかなえる！　構造化のための支援ツール
集団編・個別編（明治図書）
佐々木敏幸、縄岡好晴　著

・自閉症・発達障害の人と伝えあおう、わかりあおう　コミュニケーションメモ帳の使い方ガイド（エスコアール出版部）
奥平綾子　著
・「おはなしメモ」®（おめめどう）https://omemedo.ocnk.net/
・「どうしてメモ」®（おめめどう）https://omemedo.ocnk.net/
・視覚シンボルで楽々コミュニケーション　障害者の暮らしに役立つシンボル１０００（エンパワメント研究所）
ドロップレット・プロジェクト　編
・絵で見てわかる！　視覚支援のカード・教材１００　自分で「できる！」を楽しく増やす（学研）
青木高光、杉浦徹、竹内奏子　著
・ＮＵＤＧＥ　実践　行動経済学　完全版（日経ＢＰ）
リチャード・セイラー、キャス・サンスティーン　著　遠藤真美　訳

【著者紹介】

青木　高光（あおき　たかみつ）

学校法人西軽井沢学園　さやか星小学校　校長。

主な研究領域はAAC（補助代替コミュニケーション）。

NPO法人ドロップレット・プロジェクトの代表として，教職の傍ら30年以上にわたって，コミュニケーション支援ツールの開発および実践研究に取り組んでいる。

2019年から2021年まで（独）国立特別支援教育総合研究所　情報・支援部主任研究員を務め，現在は文科省学校DX戦略アドバイザーとして全国で指導助言を行っている。

〔本文イラスト〕竹内奏子

わかる、できる、伝えられる、ように…
教室の中の視覚支援
場所・時間・活動を構造化しよう

2024年7月初版第1刷刊　©著　者　青　木　高　光
2024年9月初版第3刷刊　発行者　藤　原　光　政
発行所　明治図書出版株式会社
http://www.meijitosho.co.jp
（企画）佐藤智恵（校正）武藤亜子
〒114-0023　東京都北区滝野川7-46-1
振替00160-5-151318　電話03(5907)6703
ご注文窓口　電話03(5907)6668

＊検印省略　組版所　株式会社アイデスク

Printed in Japan　ISBN978-4-18-364829-7